LEGO
MEGA
TOLLE
MINIFIGUREN

INHALT

Willkommen in der wunderbaren Welt der LEGO® Minifiguren! Hunderte von bunten Charakteren findest du in diesem Buch, auf Seiten voller faszinierender Fakten und Details. Es gibt sie seit 1978 – nun hast du Gelegenheit, sie alle kennenzulernen!

AUF GEHT'S!

DER AUFBAU DIESES BUCHES

ALLES ÜBER MICH STEHT AUF SEITE 93!

Dieses Buch zeigt dir einige der coolsten, seltensten und ungewöhnlichsten Minifiguren, welche die LEGO Gruppe produziert hat. Es ist in elf Themenkapitel eingeteilt und jede Seite ist voller Informationen über Minifiguren.

Nummerierte Erläuterungen der Hauptmerkmale jeder Minifigur

Unter diesem Namen ist der Charakter allgemein bekannt (viele frühe Minifiguren hatten keine offiziellen Namen).

Kasten mit Stichworten über den Platz jeder Minifigur in der LEGO Geschichte

Zitate von LEGO Designern über die Designentwicklung der Minifigur

Kästen mit Informationen über eine verwandte Minifigur oder eine Variante der dargestellten Minifigur

Nicht wirklich selten, aber echt cool

Nach einigem Suchen nicht schwer zu finden

Nur in wenigen Sets oder in Polybeuteln enthalten.

Selten – du hast Glück, diese Minifigur zu haben!

Sehr selten – eine legendäre Minifigur!

Hier erfährst du, wie selten eine Minifigur ist – oder nicht!

ERSTES KAPITEL

HELDEN DES ALLTAGS

HIER KOMMEN
DIE MINIFIGUREN,
DIE UNERMÜDLICH
ARBEITEN, UM
MÖGLICHST TOLL
ZU SEIN!

ERSTE ECHTE MINIFIGUR

POLIZIST

ICH BIN NUMMER EINS!

1. Männliche Minifiguren trugen Hüte, bis 1979 Männerhaarelemente erschienen.
2. Ganz einfaches Gesicht, mit Punkten für Augen und Bogen als Lächeln
3. Körperschmuck nicht Aufdruck, sondern Aufkleber
4. Abzeichen von Angehörigen der LEGO® Polizeitruppe

Themenwelt
LEGOLAND® Town

Jahre
1978, 1981

Erster Auftritt
Polizeiauto (600)

Selten 

Mit beweglichen Armen und Beinen und einem aufgedruckten Gesicht ist dieser Polizist die erste echte Minifigur. Davor waren LEGO Charaktere meist statische Figuren. Da er nicht in sein Polizeiauto passt, muss er auf der Motorhaube sitzen!

EIN NEUES AUSSEHEN

Das Aussehen von LEGOLAND Town Polizisten änderte sich mehrmals im Lauf der Jahre. 1993 wurden ein neues Polizeilogo mit Goldstern auf schwarz-weißem Abzeichen sowie neue Kopfteile mit weiteren Gesichtsmerkmalen eingeführt.

Themenwelt
LEGO® City

Jahr
2015

Erster Auftritt
Baustellentruck (60073)

Selten

Was wäre LEGO City ohne seine Bauarbeiter? Völlig chaotisch! Diese Minifigur ist einer der jüngsten Angehörigen des Heers von Arbeitern im orangen Overall, tritt aber nur in einem Set auf.

BAUARBEITER

1. Helm mit eingebauten Ohrschützern – 2015 neu
2. Nur dieser Bauarbeiter hat diesen Gesichtsausdruck.
3. Einmaliger Körper mit Kapuzenpulli unter der Arbeitsjacke
4. Graue Hände als Handschuhe

FILMSTAR

THE LEGO® MOVIE™ stellte uns den berühmtesten Bauarbeiter vor: den liebenswerten Emmet!

STOLZE TRADITION

LEGO Bauarbeiter zählen zu den frühesten Minifiguren – der erste erschien 1979. Baustellen-Sets gab es nach siebenjähriger Pause erst wieder 2015.

Die Kellnerin besitzt einen echten Retrolook mit ihrer Hornbrille und dem Haarteil im Stil der 1950er-Jahre. Herausragend jedoch ist ihr Zubehör – nie zuvor hatte eine Minifigur so ein cooles Paar Räder, aber kein Auto!

WAS HÄTTEN SIE GERN?

Die Kellnerin ist die einzige Minifigur der Serie 11 mit einem doppelseitigen Kopfteil. Auf einer Seite lächelt sie breit, auf der anderen ist sie mürrisch.

MINI DATEN

Themenwelt
LEGO® Minifigures

Jahr
2013

Erster Auftritt
LEGO Minifigures Serie 11

Selten

KELLNERIN

NAMENSVETTERIN

Die Kellnerin heißt „Tara", nach Tara Wike, der LEGO Designerin, nach der sie gestaltet ist!

1. Schicke Frisur im Sahneeisstil
2. Doppelseitiger Kopf mit zwei Mienen
3. Eisbecher auf weißem Serviertablett
4. Rockige pinke Rollerskates!

NEBENJOB EINER LEGO DESIGNERIN

SCHAFFNER

1

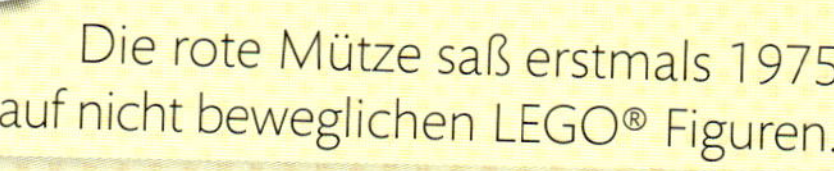

Die rote Mütze saß erstmals 1975 auf nicht beweglichen LEGO® Figuren.

2

Der blaue Körper mit aufgedruckter Jacke und Krawatte war bis 2003 in über 30 Sets.

3

Das Design der Beine ist nach fast 40 Jahren praktisch unverändert.

Alle einsteigen! Der Schaffner ist die erste Minifigur mit bedrucktem Körper. Zuvor gab es Körper mit oder ohne Aufkleber, doch nun wurden Details direkt aufgedruckt.

MINI DATEN

Themenwelt
LEGOLAND® Town

Jahr
1978

Erster Auftritt
Eisenbahnwaggon (167)

Selten

STANDHAFTER CHARAKTER

Zwei Jahre nach dem ersten Auftritt des Schaffners kam ein neuer Zugbegleiter. Er trug die gleiche Mütze, hatte aber ein anderes Körperdesign und eine blaue Hose. Er war in über einem Dutzend Sets während der nächsten sechs Jahre enthalten.

CHEMIKERIN

1 Modernes Haarelement mit Pferdeschwanz

2 Doppelseitiger Kopf – vorn mit ernstem Blick, hinten mit erschrockener Miene

3 Exklusive Körperbedruckung mit Stiften und Ausweis

4 Der Laborkittel ist auch hinten bedruckt.

Themenwelt
LEGO® Ideas

Jahr
2014

Erster Auftritt
Forschungsinstitut (21110)

Selten

Schau dir die Welt genauer an mit einem der drei exklusiven Forscher im Set Forschungsinstitut. Es wurde aus Hunderten von Fanmodellen auf der Internetseite von LEGO Ideas ausgewählt und erschien als echtes LEGO Set.

REALE FORSCHUNG

Die Chemikerin basiert auf Dr. Ellen Kooijman, einer Geowissenschaftlerin, die die Idee zum Set Forschungsinstitut hatte.

LABORKOLLEGEN

Zur Chemikerin gesellen sich im Forschungsinstitut eine Paläontologin, die ein Saurierskelett studiert, und ein Astronom mit Teleskop.

MINI DATEN

Themenwelt
LEGO® Minifigures

Jahr
2011

Erster Auftritt
LEGO Minifigures Serie 4

Selten

Der Gefahrgutbeauftragte geht mit gefährlichen Materialien um – kein Wunder, dass er so ängstlich dreinblickt! Zum Glück schützt ihn sein neuer und exklusiver Helm mit eingebautem Visier und Strahlenwarnsymbol.

GEFÄHRLICHE ARBEIT

Nicht nur der Gefahrgutbeauftragte lebt gefährlich. Doch die Dino-Fährtenleserin aus der Serie 12 genießt ihren Job!

GEFAHRGUTBEAUFTRAGTER

1 Exklusiver Helm mit Visier

2 Ängstliche Miene mit aufgedruckten Stressfalten

3 Gefahrgutsymbol aufgedruckt auf Helm und Brustlatz

4 Sprühpistole mit Schlauch zum Helm

FILMREIF

Auch die Robo SWATs in THE LEGO® MOVIE™ tragen solche Anzüge.

EXKLUSIVER HELM

Themenwelt
LEGOLAND® Town

Jahr 1978

Erster Auftritt
Unfallwagen mit Fahrer (606)

Selten 

Die allerersteweibliche Minifigur ist Krankenschwester im LEGOLAND Town Krankenwagen. Sie erschien 1978 und hat als einzige Medizin-Minifigur einen Aufkleber statt aufgedruckter Körperdetails.

KEIN PLATZ

Die Krankenschwester passt nicht in den Krankenwagen und fährt auf der Haube oder dem Dach mit.

1 Gleiches Haarteil wie nicht bewegliche LEGO® Figuren seit 1975

2 Kopfteil mit dem ursprünglichen aufgedruckten einfachen Gesicht

3 Einfacher weißer Körper mit Rotkreuz-Aufkleber

4 Bewegliche Beine – 1978 noch eine Neuheit!

GUT AUSGERÜSTET

1980 erschien eine Variante dieser Medizin-Minifigur im Paramedic Unit (Set 6364). Ihr Körper ist zusätzlich mit Stethoskop und Tasche mit Stift bedruckt.

BASEBALLSPIELER

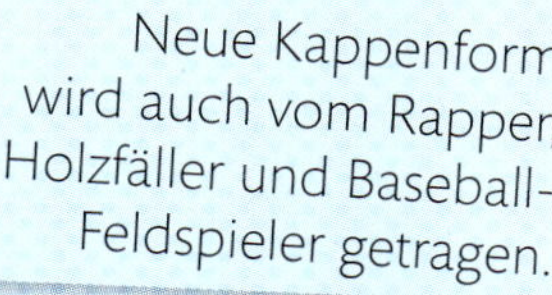

1 Neue Kappenform wird auch vom Rapper, Holzfäller und Baseball-Feldspieler getragen.

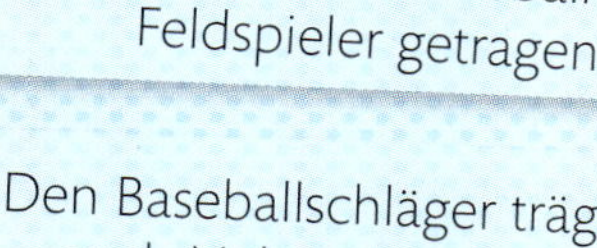

2 Den Baseballschläger trägt auch Nelson Muntz aus LEGO® The Simpsons™.

3 Der Teamname „Clutchers" spielt auf die „Klammerkraft" an, die LEGO Steine zusammenhält.

4 Die einfachen weißen Beine sind exklusiv dank Gürtelaufdruck.

Dieser Sportheld schwang als Erster einen LEGO Baseballschläger, ist aber nicht der erste LEGO Baseballspieler. 1999 wurde eine spezielle Minifigur der Boston Red Sox im Fenway Park Stadion verschenkt. Auch sie trug rote Kappe und weißen Dress und ist heute sehr selten!

Themenwelt
LEGO® Minifigures

Jahr
2011

Erster Auftritt
LEGO Minifigures Serie 3

Selten

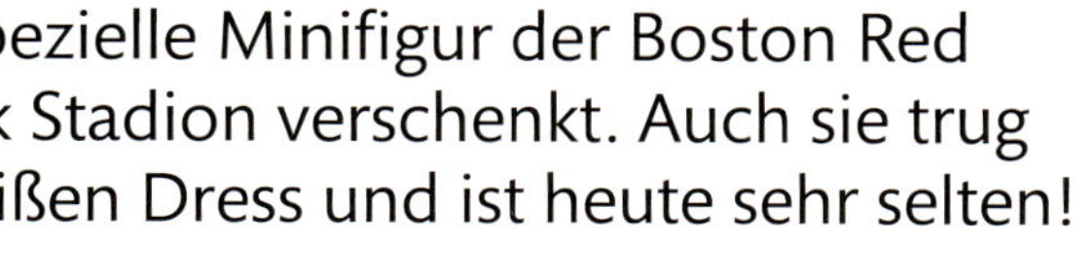

PERFEKT GEFANGEN

2013 erschien ein Baseball-Feldspieler mit dem Dress der „Stackers" und einem Handschuh statt der linken Hand in der Minifigures Serie 10.

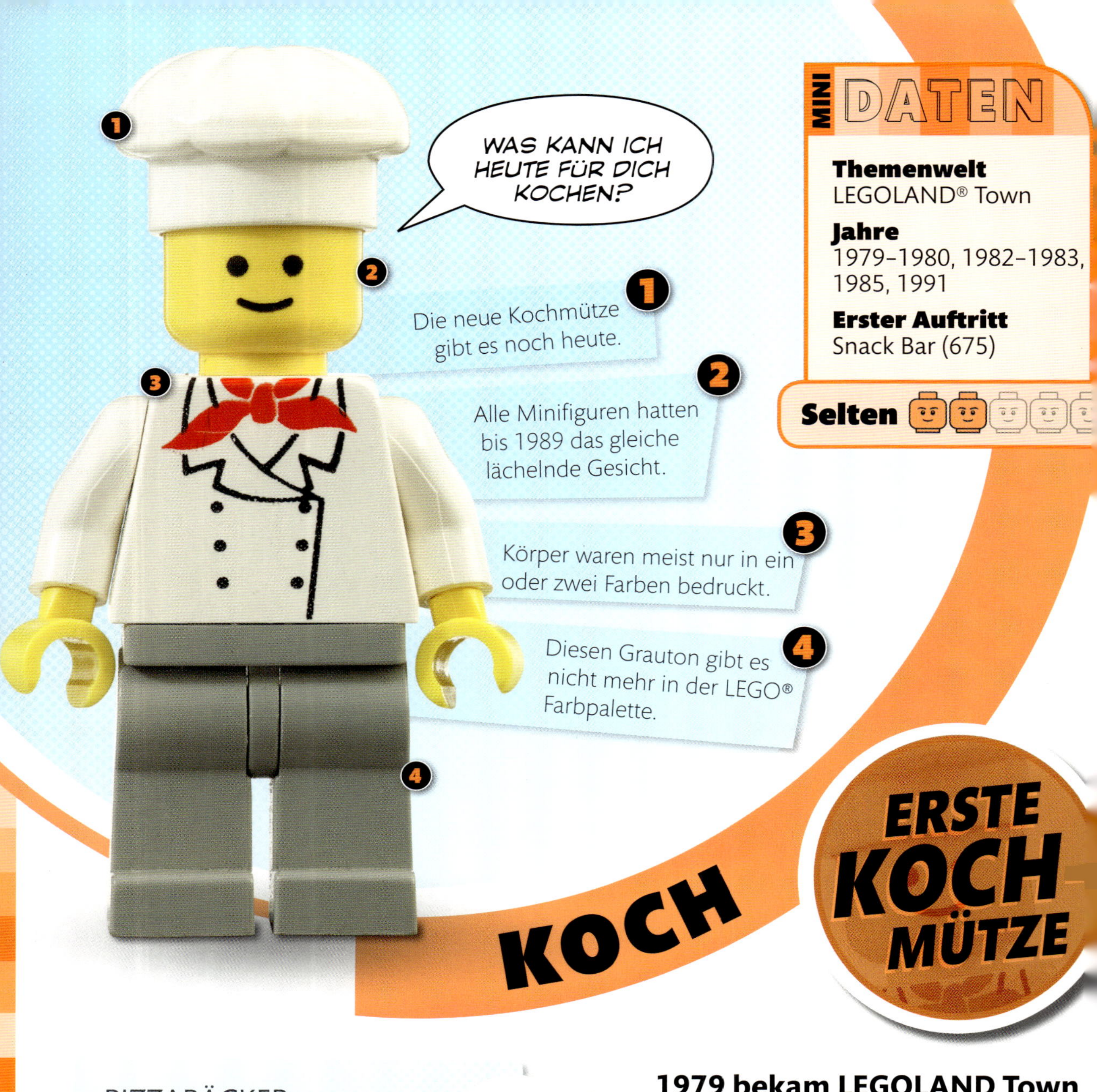

MINI DATEN

Themenwelt
LEGOLAND® Town

Jahre
1979–1980, 1982–1983, 1985, 1991

Erster Auftritt
Snack Bar (675)

Selten

KOCH

1979 bekam LEGOLAND Town die erste Snack Bar. Hier kochte der schwer arbeitende Koch für hungrige Minifiguren viele köstliche Leckereien. Das Spezialangebot für diesen Koch ist seine Mütze – er trug sie als erste Minifigur!

PIZZABÄCKER

Hinter Tür 21 des LEGO® City Adventskalenders (Set 7324) von 2005 stand eine Pizzabäcker-Minifigur mit der klassischen Kochmütze bereit, um leckere Pizza zu servieren. Sein bedrucktes Bäuchlein verrät, dass er genauso viel isst, wie er serviert!

REALER RENN-FAHRER

MINI DATEN

Themenwelt
LEGO® Racers

Jahr
2009

Erster Auftritt
Ferrari Victory (8168)

Selten

Als seltenes Beispiel für eine Minifigur nach einem realen Menschen erschien der brasilianische Rennfahrer Felipe Massa 2007 in LEGO Form mit gelbem Helm. Die blaue Variante gab es nur in einem Set 2009.

ROT ÜBERALL

LEGO® Speed Champions von 2015 zeigt die neuesten Rennwagen von Ferrari und ihre Fahrer.

FELIPE MASSA

1. Gesichtsausdruck wie bei der Minifigur Rubens Barrichello
2. Ein Körper mit Aufklebern ist bei neuen Minifiguren selten.
3. Ferrari-Logo und brasilianische Flagge als Aufkleber
4. Ferrari-rote Beine und Körper

REALE RENNFAHRER

Massa ist nicht der einzige Ferrari-Rennfahrer, der als Minifigur herauskam – auch Rubens Barrichello und Kimi Räikkönen wurde diese Ehre zuteil.

Themenwelt
LEGOLAND® Town

Jahre
1982–1983, 1985, 1991

Erster Auftritt
Postamt (6362)

Selten

LEGOLAND Town bekam 1982 seinen ersten Zustelldienst mit den Sets Postamt und Postauto. In beiden gab es diesen fröhlichen Briefträger, dessen roter Körper links mit dem Posthornlogo bedruckt war und der eine schwarze Mütze und schwarze Beine hatte.

ERSTE POST-MINIFIGUR

BRIEFTRÄGER

ICH BEKOMME VIEL FANPOST!

1 Auch ein anderer Post- und ein Feuerwehrmann trugen 1982 diese neue Mütze.

2 Das LEGO® Postlogo ist ein Posthorn.

3 Schwarz ist die häufigste Farbe für Minifigurenbeine – erschienen in über 950 Sets!

MODERNE POST

2008 sauste der LEGO City Postdienst in die moderne Welt mit dem Postflugzeug (Set 7732) aus dem Unterthema Cargo. Es enthielt einen Luftpostarbeiter mit cooler Sonnenbrille und Kappe.

AUS-GEBUCHT!

ICH WOLLTE IMMER IN EINEM BUCH SEIN!

BIBLIOTHEKARIN

SCHERZ-TITEL

Der Titel *Oranges and Peaches* ist eine scherzhafte Anspielung auf *On the Origin of Species* von Charles Darwin.

1. Das Haarteil trug zuerst Ginny Weasley aus der Themenwelt Harry Potter.
2. Tasse mit Botschaft für laute Bibliotheksbesucher.
3. Das Buch lässt sich öffnen und schließen.

Oranges and Peaches

Shh!

Dieser bebrillte Bücherwurm ist einzigartig bedruckt, samt dem mahnenden „Shh!" auf der Kaffeetasse! Wie alle sammelbaren Minifiguren seit 2010 hat auch sie eine eigene Internetbiografie, die ihre Liebe zu Büchern erwähnt – bestimmt auch zu solchen über Minifiguren!

NUR EINE THEORIE

Basiert die Bibliothekarin etwa auf Amy aus der TV-Serie *The Big Bang Theory?* Sie erschien 2015 als LEGO Set und Teil der Themenwelt LEGO® Ideas.

MINI DATEN

Themenwelt
LEGO® Minifigures

Jahr
2013

Erster Auftritt
LEGO Minifigures Serie 10

Selten

COCA-COLA FUSSBALLSPIELER A

HE, WO IST DER BALL?

SELTENER FUSSBALL-STAR

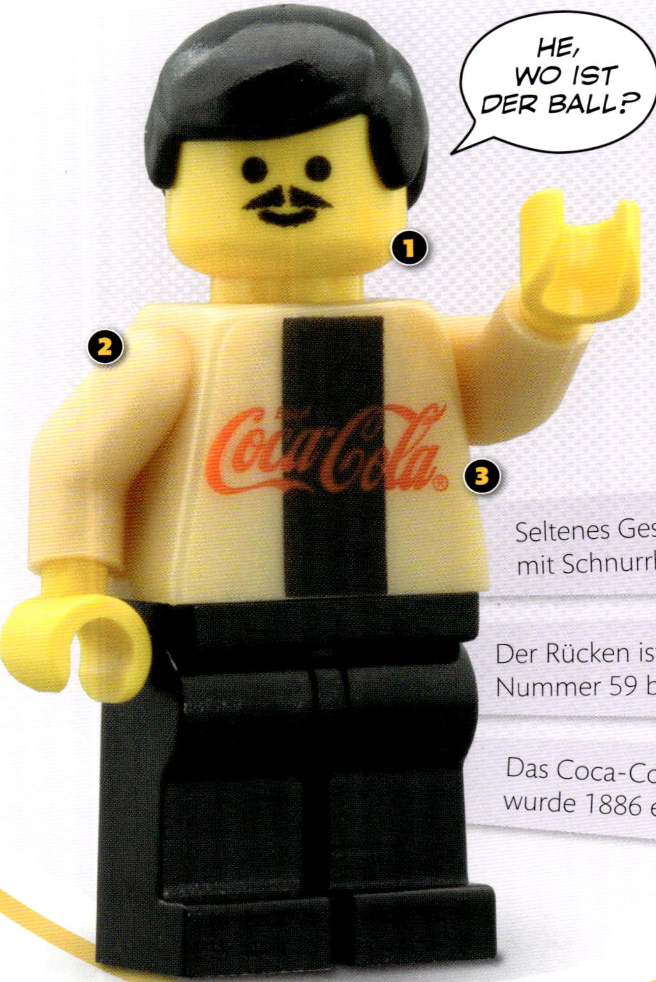

BRASILIEN!
Die Fußball-WM 2002 gewann Brasilien.

1 Seltenes Gesicht mit Schnurrbart

2 Der Rücken ist mit der Nummer 59 bedruckt.

3 Das Coca-Cola-Logo wurde 1886 erfunden!

Dieser Fußballspieler ist eine von zwei Spezialminifiguren, die für eine Werbekampagne von Coca-Cola für die Fußball-WM 2002 erschienen. Im selben Jahr brachte die LEGO Gruppe weitere Sets zum Thema Fußball heraus.

MINI DATEN

Themenwelt
LEGO® Sports

Jahr
2002

Erster Auftritt
Secret Set A (4471)

Selten

STÜRMER IN SILBER

Secret Set B (4472) erschien im selben Jahr wie Set A und enthielt einen Spieler mit Silberstreifen und braunem Haarteil. Auch er trägt die Rückennummer 59.

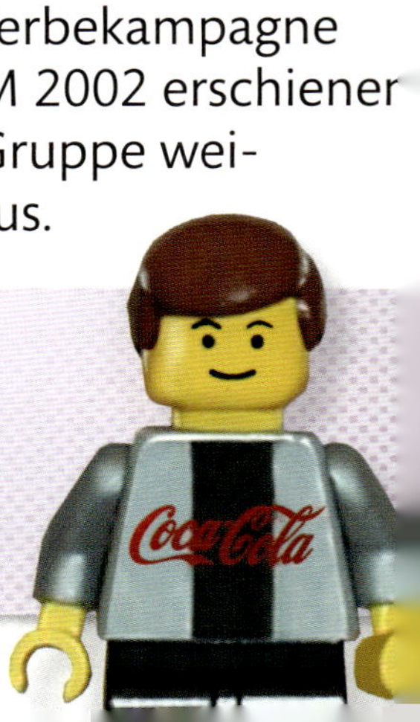

Themenwelt
LEGO® Minifigures

Jahr
2012

Erster Auftritt
LEGO Minifigures Serie 6

Selten 

Die Minifigur Chirurgin hat eine neue OP-Mütze und ist ungewöhnlich, da man unter ihrer aufgedruckten Maske nicht ihren Mund sieht. Doch ihre freundlichen Augen verraten, dass darunter das traditionelle LEGO Lächeln ist, um ihre Patienten zu beruhigen.

CHIRURGIN

TUT GAR NICHT WEH!

1 Exklusive OP-Mütze

2 Weiße Hände als OP-Handschuhe

3 Die Spritze hat auch die Krankenschwester in der Minifigures Serie 1.

4 Das Röntgenelement hat die gleichen Maße wie eine LEGO Skelettfigur.

FILM-CHIRURGIN

ine ähnliche Chirurgin tritt als Baumeisterin in THE LEGO® MOVIE™ auf.

GESTATTEN: DR. MCSCRUBS

n THE LEGO MOVIE tritt ein Chirurg in Gestalt von Dr. McScrubs auf. Man sieht hn, wenn die Bürger von Bricksburg ernen, Baumeister zu sein.

Diesen exklusiven Fußballtorwart enthielt ein Werbe-Set, das mit einem Paar Adidas-Sneakers 2007 erschien. Er hatte einen gold- und silberfarbenen Fußball, „Handschuhhände“ und einen Aufsteller. Sein Rücken ist mit dem Namen „Stripes“ bedruckt.

DER HÄLT UND HÄLT ...

MINI DATEN

Themenwelt
LEGO® Sports

Jahr
2007

Erster Auftritt
Superstar Figur (3573)

Selten

ADIDAS SUPERTORWART

1. Strubbelhaarteil aus Gummi
2. Rücken mit „Stripes“ und „3“ bedruckt – aber ohne Streifen!
3. Eine Variante ist vorn mit dem Adidas-Logo bedruckt.
4. Die Hände können übergroße Torwarthandschuhe halten.

SICHERE HÄNDE

Stripes' Handschuhe haben eine LEGO Rarität: Finger und Daumen!

HELDENHAAR

Der Supertorwart hat die gleichen coolen Haare wie die LEGO® DC Comics™ Super Heroes Minifigur Nightwing!

SIE GRÄBT KNOCHEN AUS!

PALÄONTOLOGIN

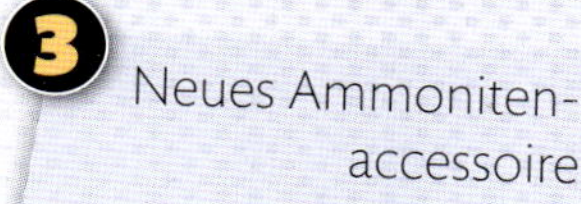

1 Helm und Haar sind ein Teil.

2 Zweifarbig bedruckte Arme sehen kurzärmlig aus.

3 Neues Ammonitenaccessoire

4 Einmaliges Beinelement – mit Shorts, Socken und Stiefeln

„Mein Lieblingsteil an dieser Minifigur ist der Helm, ein Entwurf meiner Kollegin Gitte Thorsen – fantastisch!"

CHRIS B. JOHANSEN, LEGO MEISTERDESIGNER

Im Safari-Outfit will die Paläontologin einige Dinosaurier ausgraben! Sie hat sofort Glück mit ihrem Knochen und dem brandneuen Fossilienelement. Hoffentlich teilt sie ihre Entdeckungen mit ihren Kollegen vom Set Forschungsinstitut von 2014!

MINI DATEN

Themenwelt
LEGO® Minifigures

Jahr
2015

Ersten Auftritt
LEGO Minifigures Serie 13

Selten

JEDE MENGE KNOCHEN!

Der Knochen der Paläontologin erschien zuerst 2011 und ist seither in über 50 Sets enthalten, auch dem der Steinzeitfrau aus der Minifigures Serie 5.

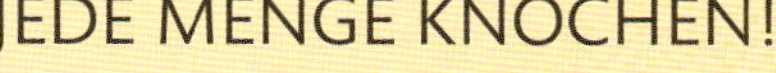

OWEN GRADY

1 Gesicht und Haare wie Star-Lord aus LEGO® Marvel Super Heroes

2 Fleischtöne gibt es nur bei Lizenz-Sets, etwa nach Filmen.

3 Einmalige Körperbedruckung

Themenwelt
LEGO® Jurassic World™

Jahr
2015

Erster Auftritt
Raptor-Randale (75917)

Selten   

Owen Grady ist ein gewöhnlicher Forscher an einem ungewöhnlichen Ort: Er arbeitet mit Dinosauriern im Freizeitpark Jurassic World. Hört sich wie ein Traumjob an, bis etwas schiefgeht und er mitten in einer Raptor-Randale steckt! Er gehört zur neuen Themenwelt Jurassic World nach dem gleichnamigen Film.

ICH KENNE DICH DOCH!

Owen ist Schauspieler Chris Pratts dritter Auftritt in der Welt der LEGO Minifigures. Er war die Stimme von Emmet in THE LEGO® MOVIE™ und auch seine Rolle als Star-Lord in *Guardians of the Galaxy* wurde zur Minifigur.

ZWEITES KAPITEL

DU BIST GESCHICHTE!

SIEH DIR AUF EINER ZEITREISE AN, WELCHE ROLLE MINIFIGUREN IN DER WELTGESCHICHTE GESPIELT HABEN!

GLADIATOR

MINI DATEN

Themenwelt
LEGO® Minifigures

Jahr
2010

Erster Auftritt
LEGO Minifigures Serie 2

Selten

Der mutige und furchterregende Gladiator ist einzigartig bedruckt – vom finsteren Gesicht bis zu den Sandalen! Er trägt einen neuen Speer mit Gummispitze und einen Schild mit einer Noppe vorn, den man mit anderen LEGO Elementen dekorieren kann.

HISTORISCHER HELM

Der Gladiator trägt den gleichen auffallenden Helm wie die Tempelstatue in der Themenwelt LEGO® Atlantis, nur bronzefarben.

MINI DATEN

Themenwelt
LEGO® Pirates

Jahre
1989, 1991, 1993
1995–1997, 2001–2002

Erster Auftritt
Pirateninsel (6270)

Selten

1989 brachte LEGO Pirates die ersten Minifiguren mit anderen Gesichtern und Körperteilen heraus. Kapitän Rotbart hat Holzbein, Hakenhand sowie aufgedruckte Augenklappe und Bart. Seither sind Minifiguren anders!

KAPITÄN ROTBART

1 Nur diese Variante von Rotbart hat den bedruckten Hut.

2 Keine Minifigur zuvor hatte Barthaare oder eine Augenklappe!

3 Neues Epaulettenelement auf exklusivem Körper

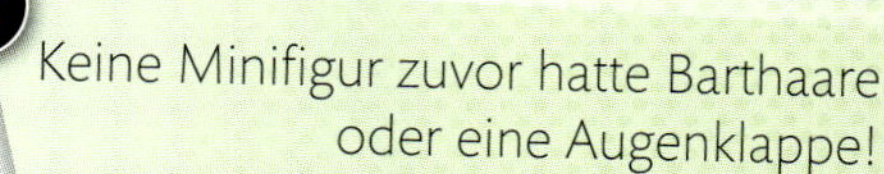

4 Der Haken funktioniert wie eine normale Minifigurenhand.

KORSAREN-COMIC

Der LEGO Pirates Comic *The Golden Medallion* erschien 1989.

KAPITÄN STEINBART

2009 bekamen die Piraten einen neuen Kapitän. Auch Steinbart hat Augenklappe, Hakenhand und Holzbein – ein wiedergeborener Kapitän Rotbart?

Der strahlende Goldritter ist ein Held aus der Fantasy-Ära der Themenwelt LEGO Castle. Rüstung und Waffe muss er magisch verstärkt haben, da das Metall Gold weich ist – gut als Schmuck, doch nicht für Duelle!

RITTER-LICHER GLANZ!

MINI DATEN

Themenwelt
LEGO® Castle

Jahr
2009

Erster Auftritt
Verteidigung der Zwergenbrücke (7079)

Selten

GOLDRITTER

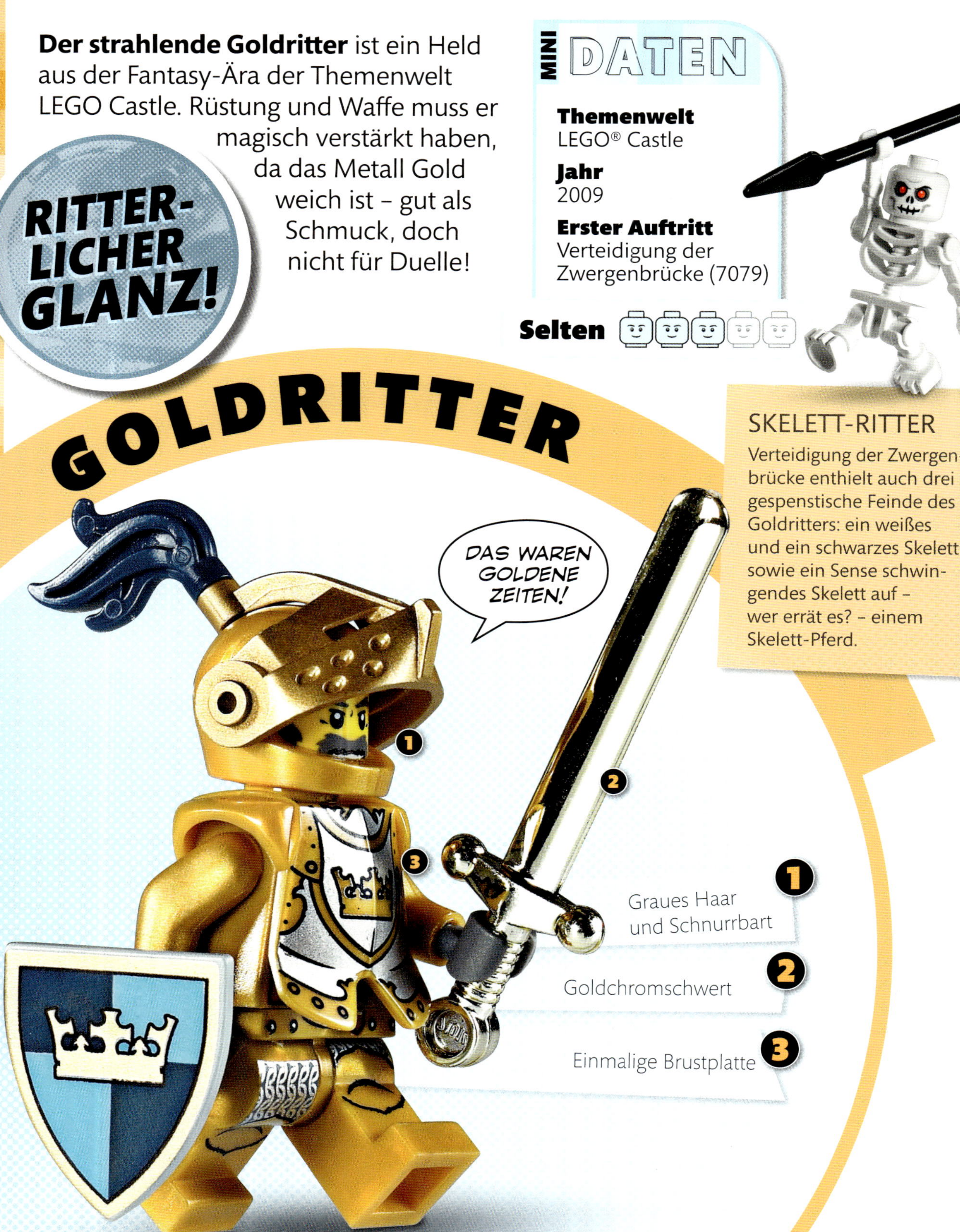

SKELETT-RITTER

Verteidigung der Zwergenbrücke enthielt auch drei gespenstische Feinde des Goldritters: ein weißes und ein schwarzes Skelett sowie ein Sense schwingendes Skelett auf – wer errät es? – einem Skelett-Pferd.

1 Graues Haar und Schnurrbart

2 Goldchromschwert

3 Einmalige Brustplatte

ICH KANN NICHTS SEHEN!

Die Hände können den Kopfschmuck halten.

Strenges Gesicht und zwei graue Streifen.

3 Umhang trägt hinten stilisierten Minifigurenkopf.

Auch die Beine sind exklusiv bedruckt.

KAPRIZIÖSE UMHÄNGE

Den ersten Stoffumhang an einer Minifigur hatte 1993 der Rote Drachenmeister in LEGOLAND® Castle. Es zeigte einen grünen Feuer speienden Drachen mit roten Flügeln.

MINI

Themenwelt
LEGO® Abenteuer

Jahr
1999

Erster Auftritt
Herrscher des Dschungels (5906)

Selten 

Mitten im Dschungel hütet diese Minifigur einen alten Schatz, die Sonnenscheibe – Achu wird sie um keinen Preis herausrücken! Alles an ihm ist exklusiv: sein spektakulärer Federschmuck wie sein bedruckter Körper, der sogar einen Bauchnabel hat.

ÄGYPTISCHE KÖNIGIN

MACHT-SPIEL AM NIL

1 Neues bedrucktes Haar

2 Körper mit Falke und geflügelter Schlange bedruckt

3 Die grüne Schlange ist auch in LEGO® NINJAGO™ Sets.

4 Das weiße schräge Element trägt ein Muster.

REALES VORBILD

Das Aussehen der Ägyptischen Königin basiert auf dem von Kleopatra VII., der letzten Pharaonin Ägyptens.

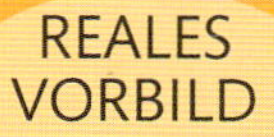

MINI DATEN

Themenwelt
LEGO® Minifigures

Jahr
2011

Erster Auftritt
LEGO Minifigures Serie 5

Selten

Die königliche Minifigur hat ein neues, mit geflügeltem Skarabäus bedrucktes Haarelement. Auch sonst ist sie neu und exklusiv bedruckt. Statt der Standardbeine von Minifiguren hat sie ein schräges Element, das wie ein Gewand wirkt.

EIN PHARAONENPAAR

Die erste vom alten Ägypten angeregte Minifigur war der Pharao aus Serie 2. Könnte er neben der Ägyptischen Königin regieren?

MINI DATEN

Themenwelt
THE LEGO® MOVIE™

Jahr
2014

Erster Auftritt
LEGO® Minifigures – THE LEGO Movie Serie

Selten

Auf deiner Zeitreise in eine neue Welt brauchst du eine Verkleidung. Diese Variante von Wyldstyle aus THE LEGO MOVIE trägt ein bodenlanges Kleid und passt perfekt in einen Westernsaloon – und in eine Sammlung gut gekleideter Minifiguren!

WILDWEST WYLDSTYLE

1. Nur eine Variante von Wyldstyle (mit Haube) trägt dieses Haar nicht.
2. Gesicht, Körper und Rock sind exklusiv bedruckt.
3. Auch die Geisha aus der Minifigures Serie 4 hat diesen Fächer, aber in Rot.
4. Als einzige Variante von Wyldstyle besitzt sie statt Beinen ein schräges Element.

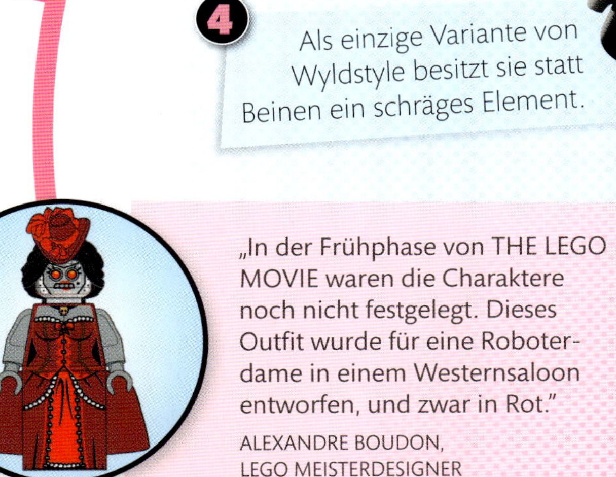

„In der Frühphase von THE LEGO MOVIE waren die Charaktere noch nicht festgelegt. Dieses Outfit wurde für eine Roboterdame in einem Westernsaloon entworfen, und zwar in Rot."

ALEXANDRE BOUDON, LEGO MEISTERDESIGNER

Der Waldmann war Anführer von sechs Banditen, die eine Schatzkiste im Waldversteck bewachten. Seine Gefährten trugen blaue, schwarze oder rote Federn an ihrer Kappe und hatten gleichfarbige Arme und bedruckte Krägen. Sie sahen fröhlich aus!

Themenwelt
LEGOLAND® Castle

Jahre
1987–1988

Jahre
Geheim-Quartier (6066)

Selten

WALDMANN

1 Federn in anderen Farben und Größen lassen sich anstecken.

2 Köcher mit Pfeilen zwischen Kopf und Körper

3 Die Waldmänner trugen als erste Minifiguren Grün.

4 Ein Geldbeutel am Gürtel

IHR MÖGT ÄLTER SEIN, SIR, DOCH WO IST EUER BART?

BEARBEITETER BANDIT

Einen Waldmann mit mehr Details wie Kinnbart, Schnurrbart und schiefem Grinsen enthielt die erste Serie LEGO® Minifigures von 2010.

KÖNIG KAHUKA

WAS GUCKST DU?

Abnehmbare weiße Feder

Weißes Gesicht mit roten Streifen unter der Maske

Aufgedrucktes Halsband mit Perlen und Zähnen

Grasrock und „bloße" Beine

LEGO Piraten müssen aufpassen, wo sie ihren Schatz vergraben, sonst begegnen sie König Kahuka und seinem Stamm von Inselkriegern! Der König und seine Maske sind in sechs LEGO Pirates Sets enthalten.

Maskenlos!
Eine Kahuka-Variante mit Haar und ohne Maske enthält das Set Schatzinsel (6264).

Themenwelt
LEGO® Pirates

Jahre
1994, 1995, 2001

Erster Auftritt
Häuptlingsthron (6236)

Selten

EINGEBORENE INSULANER

Kahukas Stammesangehörige tragen Bogen und Speere sowie schwarze Haare mit weißen Federn oder Tierhörnern darin. Die Männer haben bemalte Gesichter, die Frauen das klassische Kopfteil ihrer Zeit.

TURNIERRITTER

SELTENER CASTLE HELD

REITE, RITTER!

1 Visier wird an den Helm geklickt und ist schwenkbar.

2 Gleicher Helm wie bei den roten Astronauten

3 Aufgedrucktes Wappen

4 Schwarze Beine mit roten Hüften haben über 100 Minifiguren.

FÜNF RITTER
Dieses Körperdesign gab es nur an fünf anderen Minifiguren.

Dieser tapfere Ritter erschien mit einem identischen Mitstreiter und zwei Gegnern, die andere Helme, Farben und Körperdesigns hatten. Im Set gab es auch ein Schwert, eine Axt, ein Beil und einen Schild.

Themenwelt
LEGO® Castle

Jahr
1983

Erster Auftritt
Castle Figures (6002)

Selten  

SCHRECKENSRITTER
Die 1997 erschienenen Schreckensritter folgten keinem König, sondern Graf Fledermaus – der einen schwarzen Drachen namens Draco ritt!

MINI DATEN

Themenwelt
LEGO® Wikinger

Jahr
2006

Erster Auftritt
Schachspiel Wikinger (G577)

elten 

Das LEGO Wikinger Schach-Set erschien 2006 zusammen mit zwei anderen Wikinger Sets. Damit die Minifiguren nicht durcheinandergerieten und so kaum als Schachfiguren benutzt werden könnten, waren einige Elemente zusammengeklebt. Im Set traten der Rote König und sein Heer gegen entsprechende Gegner in Blau an.

WIKINGER-SCHACH-FIGUR

ROTER KÖNIG

1 Hörner am Helm angeklebt

2 Roter Stoffumhang auch an Roter Dame

3 Auf dem Schachbrett schwingt er ein goldenes Schwert.

ZWERGE

Wikinger-Schachfiguren haben das eiche Körperdesign wie die Zwerge in Castle Sets von 2008.

WILDER WIKINGER

Der Barbarian Armor Viking war einer der ersten Kraftkerle, die 2005 erschienen. Diesen finsteren Gesellen mit kaputter Rüstung sollte man bei einem Gefecht meiden!

Die Waldfrau ist die Neuausgabe einer Figur aus Forestmen's Crossing (Set 6071), das ursprünglich 1990 in der LEGO® Castle Themenwelt erschien. Zwanzig Jahre später kehrte sie in Nummer 5 der Serie Vintage Minifigures wieder, diesmal ohne Köcher. Auf ihren Körper ist ein enges grünes Korsett und eine Halskette gedruckt und ihr Gesicht hat noch die roten Lippen und das Haar des Originals behalten.

Themenwelt
LEGO® Classic

Jahr
2010

Erster Auftritt
LEGO Vintage Minifigures Nr. 5 (852769)

Selten 

WALDFRAU

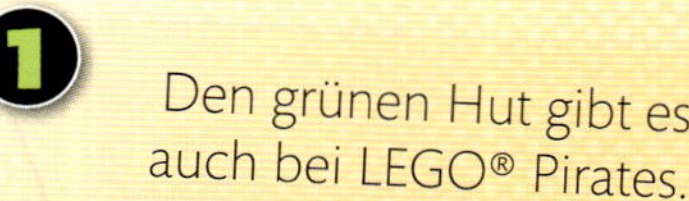

1 Den grünen Hut gibt es auch bei LEGO® Pirates.

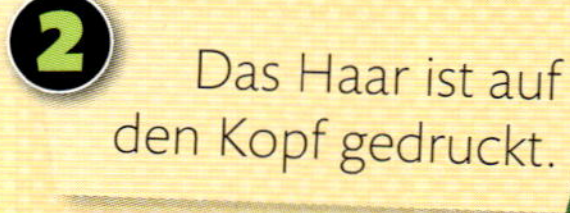

2 Das Haar ist auf den Kopf gedruckt.

3 Das einzige bedruckte weibliche Minifigurengesicht bis 1992

FRAUENPOWER

Nummer 5 der Sammlung Vintage Minifigur war rein weiblich und enthielt eine Ärztin, eine Stewardess, einen weiblichen Ninja, eine Frau mit roter Jacke und die Waldfrau.

BELEBTE KREUZUNG

Forestmen's Crossing enthält vier Waldmänner, aber nur die Waldfrau befindet sich in keinen anderen LEGO Castle Sets.

SELTENE VINTAGE-REPLIK

ABRAHAM LINCOLN

1 Kombination von Hut und Bart nur für diese Minifigur

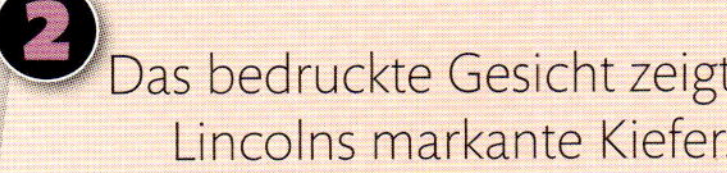

2 Das bedruckte Gesicht zeigt Lincolns markante Kiefer.

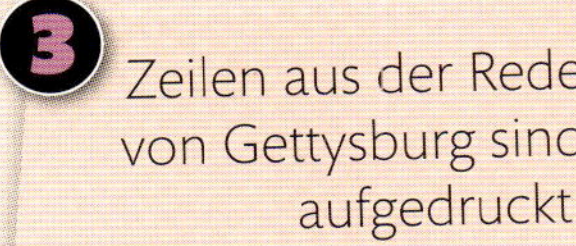

3 Zeilen aus der Rede von Gettysburg sind aufgedruckt.

Exklusive Elemente für Abraham Lincoln sind sein berühmter Hut und Bart – in einem Stück. Als er zusammen mit William Shakespeare in die Themenwelt THE LEGO MOVIE aufgenommen wurde, wurden erstmals historische Gestalten zu Minifiguren.

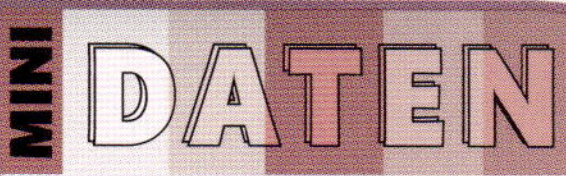

MINI DATEN

Themenwelt
THE LEGO® MOVIE™

Jahr
2014

Erster Auftritt
LEGO Minifigures THE LEGO MOVIE Serie

Selten

WILL MIT FEDERKIEL

Wie Abraham Lincoln hält auch die Shakespeare-Minifigur eine Kachel, die wie ein Manuskriptpapier aussieht. Darauf steht: „Bauen … oder Nichtbauen“. Er hat auch eine Schreibfeder.

ZOFE

HUT ODER RAKETE?

1 Eine kegelförmige Haube

2 Aufgedrucktes weibliches Gesicht erstmals 1989 bei LEGO® Pirates

3 Schräges Element als Rock statt Beinen

REIZVOLLER AUFDRUCK

Die Waldfrau hat den gleichen bedruckten Körper, doch in Grün statt Blau.

ERSTES KLEID!

Themenwelt
LEGO® Castle

Jahr
1990

Erster Auftritt
Spukschloss (6081)

Selten

Diese hübsche Zofe hat das erste neue Gesicht einer LEGO Castle Minifigur, mit aufgedrucktem Haar und roten Lippen statt klassischen Augen und Lächeln. Sie hat auch ein schräges Element statt Beine – die erste Minifigur mit Rock!

ALTES BURGFRÄULEIN

Ein früheres Burgfräulein gab es im Wachhaus (Set 6067) von 1986. Es hat den gleichen Hut, aber ein Standard-Minifigurengesicht und Beine.

MINI DATEN

Themenwelt
LEGO® Abenteuer

Jahr
1998–1999

Erster Auftritt
Adventurers Tomb (2996)

Selten

LEGO Abenteuer war 1998 eine neue Themenwelt um die Suche nach dem Re-Gou-Rubin in Ägypten. Der gruselige Pharao Hotep bewachte den Stein und die allererste LEGO Mumie! Nur er besitzt diese Kopf-, Bein- und Körperbedruckung.

ALTE MUMIE

„Mumie" ist das altpersische Wort für einen einbalsamierten Körper. Schluck!

PHARAO HOTEP

1. Ein altägyptischer Kopfschmuck wie dieser heißt „Nemes".
2. Seltene Minifiguren-Nasenlöcher!
3. Panzer mit blauen Segmenten
4. Füße mit Zehenaufdruck

SCHIEF GEWICKELT!

In der Themenwelt LEGO® Studios tritt die Mumie 2002 in Fluch des Pharaos (Set 1383) auf. Bandagiert sind Kopf, Körper und Beine. Der Kopfschmuck ist etwas weniger prächtig als bei Pharao Hotep.

Diesen verwegenen Ritter gab es nur im Set Dreitürmige Ritterburg, zusammen mit drei weiteren Rittern mit roter, blauer und gelber Feder. Alle vier Ritter hatten jeweils eine Lanze, ein Schwert und einen drachenförmigen Schild mit mehrfarbigem Drachendekor.

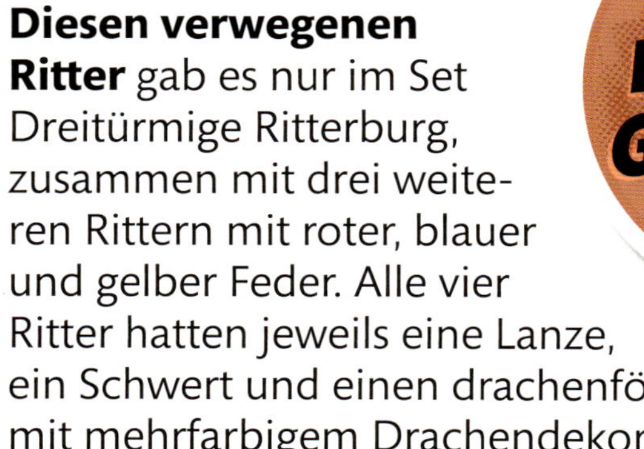

Themenwelt
LEGO® Castle

Jahr
1992

Erster Auftritt
Dreitürmige Ritterburg (6086)

Selten   

RITTER MIT WEISSER FEDER

1. Elegante, drachenförmige Feder
2. Federn an beiden Helmseiten
3. Bewegliches spitzes Visier
4. Brustpanzer über blauem Körper mit aufgedrucktem Panzer

BÖSER BLICK

Diesen schielenden Schwarzen Ritter mit drachenförmigem Schild enthielt 2012 die LEGO® Minifigures Serie 7. Schade dass dieses grimmige Gesicht kein Visier verdeckt!

WEIBLICHER NINJA

ICH BIN GRÜN UND KÜHN!

1 Mit langen Wimpern und Kopfband bedruckter Kopf

2 Eine Klemme am Hinterkopf kann ein Katana-Schwert halten.

3 Shuriken und Dolch im bedruckten Gewand

SPIEGEL-NINJA

Der grüne männliche Ninja trägt Dolch und Shuriken (Wurfstern) genau anders herum als der weibliche Ninja.

Als eine der ersten weiblichen Figuren im LEGO Castle Unterthema Ninja erschien diese gut ausgerüstete Dame in einem Minifiguren-Set mit einem männlichen grünen Ninja und einem Samurai. Alle hatten eine Aufstellbasis mit Sammelkarte.

MINI DATEN

Themenwelt
LEGO® Castle

Jahr
2000

Erster Auftritt
Mini Heroes Collection Ninja 3 (3346)

Selten

ALLES WIRD GRÜN

In LEGO® NINJAGO™ soll Lloyd Garmadon als legendärer Grüner Ninja die große Auseinandersetzung zwischen Gut und Böse gewinnen – wenn er die Kunst des Spinjitzu beherrscht!

WAS FÜR EIN HUT!

SHOGUN

GUT VERSTECKT
Die Rüstung verbirgt einen Dolch, der auf den Körper gedruckt ist.

Seine wilde Miene verrät, dass dieser Shogun – auch Roter Kriegsherr genannt – keine Minifigur ist, mit der man sich anlegt. Kein Wunder, dass er in seinem Set ganz allein ist. Nur Sammlerkarte und Aufsteller leisten ihm Gesellschaft.

MINI DATEN

Themenwelt
LEGO® Castle

Jahr
2000

Erster Auftritt
Mini Heroes Collection Ninja 1 (3344)

Selten

RÜCKKEHR DER SAMURAI

Die LEGO® Minifigures Serie 13 enthält eine Samuraifrau in dunkelroter Shogun-Rüstung. Wird sie ihm mit einem Katana in jeder Hand im Gefecht beistehen.

MINI DATEN

Themenwelt
LEGO® Minifigures

Jahr
2013

Erster Auftritt
LEGO Minifigures
Serie 11

Selten

Mit Maske, Kette und Grasrock hat dieser gruselig wirkende Kerl viel gemeinsam mit König Kahuka aus LEGO® Pirates. Beide lächeln hinter ihren Masken, aber nur der Inselkrieger hat Haare – er trägt seine Maske nämlich nicht auf dem Kopf.

INSELKRIEGER

1. Stammesmaske mit einer Halsklemme.
2. Das grinsende Gesicht trägt blaue Tattoos.
3. Bein- und Körperbedruckung erinnert an König Kahuka.
4. Den Speer gibt es in über 200 Sets.

„Ich verdeckte seine Tattoos bewusst mit der Maske. So gibt es zwei Charaktere in einem."
CHRIS B. JOHANSEN, LEGO MEISTER-DESIGNER

STAMMESMODE

Hinter der Maske besitzt der Inselkrieger ein schwarzes Haarteil mit angeklemmtem Knochen. Die Insulaner aus LEGO® Pirates tragen Hörner oder Federn.

Als neue, detailreichere Art von Minifigur, die 1989 die neue Themenwelt LEGO Pirates einführte, ist diese Piratin eine der ersten Minifiguren mit geschlechtsspezifischen Druckdetails. Spätere Sets brachten eine Variante mit rotem Kopftuch.

Themenwelt
LEGO® Pirates

Jahre
1989, 1993, 2002

Erster Auftritt
Piratenbrigantine (6285)

Selten   

PIRATIN

1 Das Kopftuchelement war 1989 neu.

2 Das einzige aufgedruckte weibliche Gesicht bis 1992

3 Erste spezifisch weibliche Körperbedruckung

4 Einfache Beine – bedruckte Beine gab es erst ab 1994.

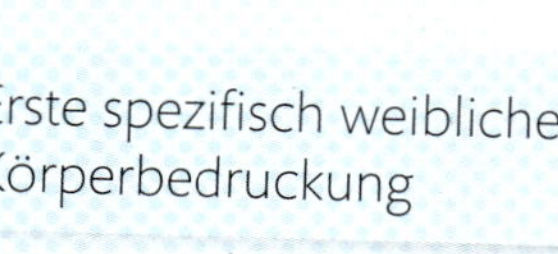

SEGEL SETZEN

Diese Piratin fuhr auf zwei Schiffen: *Piratenbrigantine* und *Piraten-Dreimastbark* (Set 6286).

FIRST LADIES

Zehn Jahre vor der Themenwelt LEGO Pirates führte LEGOLAND® Castle eine der ersten weiblichen Minifiguren ein, die Prinzessin von 1979.

DRITTES KAPITEL

NICHT VON DIESER WELT

MINIFIGUREN ERKUNDEN DAS WELTALL SEIT 1978. ERKUNDE DU DIESE KOSMISCHE KLASSIKER-SAMMLUNG!

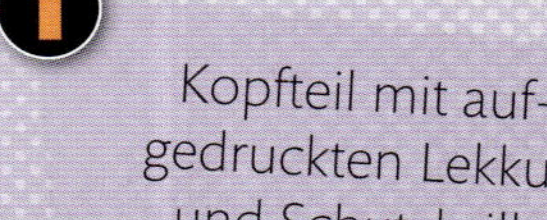

HERA SYNDULLA

1 Kopfteil mit aufgedruckten Lekku und Schutzbrille

2 Seltene lindgrüne Haut

3 Doppelseitiger Gesichtsaufdruck, hinten mit geschlossenem Mund

4 Beine mit Details der Rebellenpilotenuniform

„Mein Lieblingsteil hier ist der Kopf. Ich habe dieses ältere Element mit einigen neuen coolen Verzierungen aufgefrischt."
PAUL C. TURCANU, LEGO GRAFIKDESIGNER

MINI DATEN

Themenwelt
LEGO® *Star Wars*™

Jahr
2014

Erster Auftritt
The *Ghost* (75 053)

Selten 

KOLLEGIN OOLA

Wie Hera Syndulla ist Oola eine grünhäutige Twi'lek. Sie erscheint in Jabbas Palast (Set 9516) und besteht aus lauter lindgrünen Elementen – außer ihren Hüften.

Hera Syndulla ist eine Hauptfigur der Animationsserie *Star Wars Rebels*™. Die ungewöhnlichen Lekku – Kopfschwänze – sehen aus, als würden sie durch den Helm aus ihrem Kopf wachsen. Dabei sind Helm und Kopfschwänze ein einziges Formelement.

MINI DATEN

Themenwelt
LEGO® Star Wars™

Jahr
2010

Erster Auftritt
Toys"R"Us Werbegeschenk

Selten

Dieser silberchromfarbige Stormtrooper war 2010 in einer limitierten Edition von 10 000 Exemplaren als Werbegeschenk beim Kauf von LEGO *Star Wars* Sets bei Toys"R"Us zu haben. Es gab mehrere Stormtrooper-Varianten, doch keine strahlt so wie dieser!

STORMTROOPER (CHROM)

ICH BEFEHLE DIR, MICH ZU BEWUNDERN!

1. Bedruckter Kopf und Körper in Silberchrom
2. Unbedrucktes schwarzes Kopfteil unter dem Helm
3. Den bedruckten Körper hatten alle LEGO Stormtrooper bis 2012.
4. Die schwarzen Hände können einen Blaster halten.

IN DEN SCHATTEN

Das Mattgrau der Shadow Trooper Minifigur in Shadow Troopers (Set 75 079) war inspiriert vom Tarnkappendüsenjäger F-35. Die Vorderseite des Helms in einem helleren Grau soll wie ein Schädel aussehen.

Diese Minifigur ist eine von zwei Figuren in Exo Suit, dem siebten Fan-Vorschlag, der offiziell im LEGO Ideas Projekt umgesetzt wurde. Pete ist nach Peter Reid benannt, dem LEGO Fan und Baumeister, der das Set schuf. Sein Aussehen basiert auf den klassischen LEGO® Space Minifiguren der 1970er- und 1980er-Jahre, doch in einer Farbe, die damals nie verwendet wurde: Grün!

Themenwelt
LEGO® Ideas

Jahr
2014

Erster Auftritt
Exo Suit (21 109)

PETE

ER IST SPACE-FAN!

EXO-RBITANT!

1. Der Helm mit transparentem Visier ist robuster als ältere LEGO Space Helme.
2. Petes Kopf ist wie der von Zane in LEGO® NINJAGO™ bedruckt.
3. Grüner Sauerstofftank exklusiv für Exo Suit
4. Klassisches LEGO Space Logo erstmals 1978

RAUM FÜR NOCH EINE

Pete erkundet das Weltall mit Yve. Benannt nach Peter Reids Freundin und Fanbaumeisterin Yvonne Doyle, trägt sie den gleichen Raumanzug wie Pete, aber mit lächelndem weiblichem Gesicht.

GROSSES PINKES GEHIRN

ALIEN-SCHURKIN

1 Das transparente pinke Gehirn ist in das grüne Kopfteil integriert.

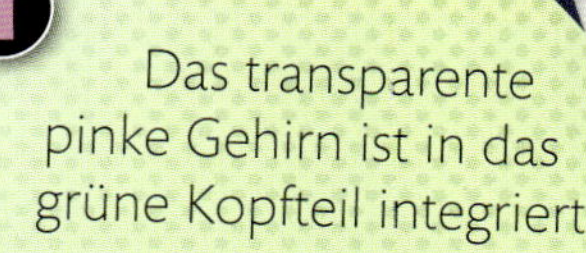

2 Alien-Strahlenkanone

3 Augenbrauen, Augen und Lippen sind aufgedruckt.

4 Bedrucktes schräges Element statt wer weiß wie vielen Beinen

eg dich nicht
ıit der Alien-Schurkin
n! Sie trägt ein cooles Gewand
ı Schwarz und Pink sowie einen lila
Umhang – anders als die meisten LEGO Umhänge ist
s zweiteilig. Ihr Alienkopf hat auch ein pinkes Gehirn
tatt des „üblichen" grünen.

MINI DATEN

Themenwelt
LEGO® Minifigures

Jahr
2012

Erster Auftritt
LEGO Minifigures Serie 8

Selten

ALIEN-INVASION

Die Alien-Schurkin ähnelt verblüffend dem Alien Commander aus der Spielthemenwelt LEGO® Alien Conquest. Vielleicht wollen sie die Galaxie zusammen erobern?

Themenwelt
LEGO® *Star Wars*™

Jahr
2002

Erster Auftritt
Bounty Hunter Pursuit (7133)

Selten    

1 Helmform auch bei LEGO® Power Miners Minifiguren

2 Ein Schleier bedeckt das Menschengesicht, hinten ein clawditisches Gesicht.

3 Beige-lila Beine oder Körper nur an dieser Minifigur

ZAM WESELL

Kopfgeldjägerin Zam Wesell hat zwei Gesichter. Als clawditische Gestaltwandlerin kann sie jede Spezies nachahmen: Das drehbare Kopfteil zeigt vorn ihr menschliches Gesicht und hinten ihr natürliches clawditisches Reptiliengesicht. Da sie exklusiv in Bounty Hunter Pursuit erscheint, ist es fast genauso schwer, diese Minifigur zu finden, wie die wahre Zam zu sehen!

ICH BIN DER BESTE!

CAD BANE

Genau wie Zam Wesell ist auch Cad Bane Kopfgeldjäger. Seine Minifigur hat einen breitkrempigen Hut und ein abnehmbares Atemgerät – beides exklusiv!

MINI DATEN

Themenwelt
LEGO® *Star Wars*™

Jahr
2003

Erster Auftritt
Cloud City (10123)

Diese sehr seltene Variante des besten Kopfgeldjägers ist eine der exklusiven Minifiguren im seltenen Set Cloud City von 2003. Als zweite Variante von Boba unterscheidet sie sich vom Original nur durch bedruckte Arme und Beine.

IN DEN WOLKEN
Cloud City enthält auch exklusive Varianten von Lando, Leia und Luke.

BOBA FETT (CLOUD CITY)

LEUTE, HIER BIN ICH!

1 Helm mit hinten eingebautem Jetpack

2 Das schwarze Kopfteil lugt durch die T-förmige Öffnung im Helm.

3 Das ist die allererste Minifigur mit bedruckten Armen.

4 Der erste Boba von 2000 hatte graue Arme und Beine.

JUNGER BOBA
Eine Kindversion von Boba Fett enthält Jango Fett's *Slave I* (Set 7153) von 2002. Sie hat kurze blaue Beine und ein gelbes Gesicht.

Themenwelt
LEGO® Space

Jahre
1993–1994

Erster Auftritt
Ice Planet Bob (6834)

Selten

Gemäß ihrem Status als Leiter draufgängerischer ziviler Forscher hat diese schnurrbärtige Minifigur einen einmaligen Körper mit offizieller Jackettbedruckung. Sein oranges Visier war neu für das LEGO Space Unterthema Ice Planet 2002 und schützt den weißen Bart des Chefs vor der Kälte.

HAARTRACHT

Der Chef ist nicht die einzige Ice Planet Figur mit tollem Haar. Die Ice Planet Frau hat feuerrote Locken, der Ice Planet Mann blonde Stirnfransen.

ICE PLANET CHEF

MIT GEFRORENEM BART KANN MAN NICHT LACHEN!

1 Neues Visier mit eingebauter Antenne

2 Bedrucktes Gesicht mit weißem Haar oder Eisschicht

EIS-FLITZER

Der Ice Planet Chef fährt auch Autorennen: im LEGO *Racers* Videospiel.

3 Das Standardatemgerät ist seit 1978 unverändert!

4 Ice Planet Logo auf dem Körper

SHAAK TI

ZUM GLÜCK STEHEN MIR STREIFEN!

1 Blauer Druck auch hinten auf den Hörnern und am dritten Lekku am Rücken

2 Große Augen im Stil der animierten TV-Serie *The Clone Wars*

3 Gesichtsbedruckung folgt dem Kopfelementdesign.

TI TIME

Sechs Jahre vor der Minifigur Shaak Ti trat der Charakter in LEGO *Star Wars: The Video Game* auf.

Themenwelt
LEGO® *Star Wars*®

Jahr
2011

Erster Auftritt
T-6 Jedi Shuttle (7931)

Selten

Togruta-Jedimeisterin Shaak Tis auffallendstes Merkmal sind ihre spektakulären Kopfschwänze oder „Lekku“. Sie hat drei Lekku: einer läuft über den Rücken, zwei fallen über die Schultern. Sie hat auch ein bedrucktes Gesicht, das zum Kopfschwanzteil passt.

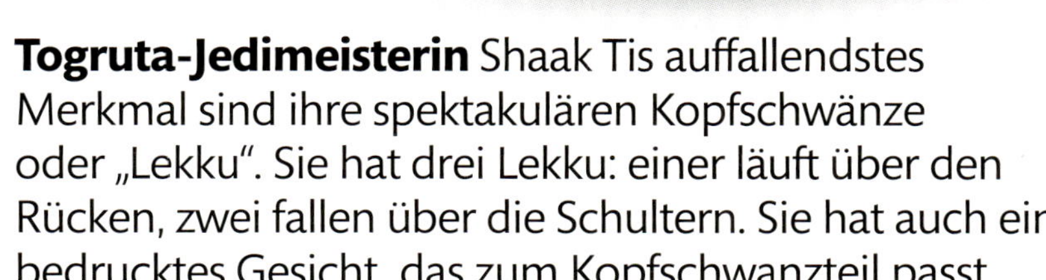

SHAAK-ATTACKE

In den Legenden des *Star Wars* Universums wird Shaak Ti von Galen Marek besiegt. Seine Minifigur erscheint nur in Rogue Shadow (Set 7672) von 2008, wo er einfach „Vaders Schüler“ genannt wird.

FRENZY

1 Exklusives Kopf- und Schulterelement

2 Großer offener Mund bis zum Hinterkopf

3 Die Extraglieder sind wie LEGO® *Star Wars*™ Kampfdroidenarme.

MINI DATEN

Themenwelt
LEGO® Space

Jahr 2009

Erster Auftritt
Überfall auf den Goldtransport (5971)

Selten

Dieser vielarmige und gefährliche Weltraumbandit ist einer der meistgesuchten Verbrecher – im Unterthema Space Police III und bei Minifigurensammlern. Erspähst du seinen exklusiven Kopf in einer Box mit LEGO Steinen, dann halte ihn fest!

VIERARMIGE

Frenzy ist nicht die einzige vierarmige LEGO Minifigur. Auch General Kozu (oben), Lord Garmadon und Pong Krell haben Extraglieder.

MINI DATEN

Themenwelt
LEGO® Space

Jahre
1991–1992

Erster Auftritt
Two-Pilot Craft (1479)

Selten

In der Themenwelt LEGO Space von 1991 ist der Blacktron II Commander ein Update der Blacktron-Minifiguren von 1987. Er ist bunter als sein ganz schwarzer Vorgänger und hat als Zubehör ein Jetpack mit Doppelgriffen.

BLACKTRON II COMMANDER

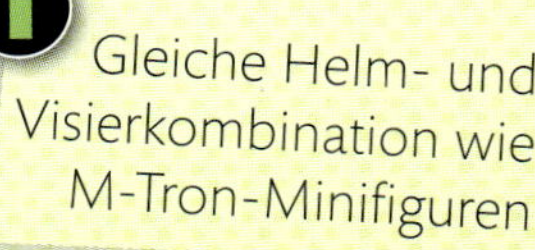

Gleiche Helm- und Visierkombination wie M-Tron-Minifiguren

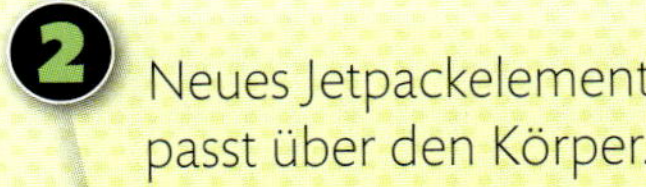

Neues Jetpackelement passt über den Körper.

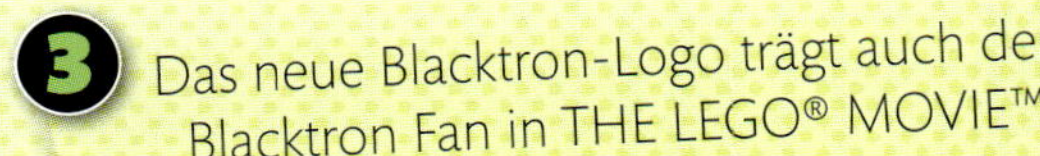

Das neue Blacktron-Logo trägt auch der Blacktron Fan in THE LEGO® MOVIE™.

FLIEG MIT MIR!

1991 kam auch eine M-Tron-Minifigur mit dem neuen Jetpack-Element heraus.

Twi'lek und Jedi-Ritterin
Aayla Secura hat ein Kopfteil mit gestreiften „Lekku"-Kopfschwänzen und großen Augen im Stil der animierten TV-Serie *Star Wars™ The Clone Wars™*. Ihre verschiedenfarbigen Arme stellen ihr einärmliges Top dar.

Themenwelt
LEGO® Star Wars™

Jahr
2010

Erster Auftritt
Clone Turbo Tank (8098)

Selten   

AAYLA SECURA

IST ES KALT HIER DRIN?

1 Neuer Kopfschmuck mit gestreiften Kopfschwänzen

2 Gesicht mit großen Augen im *Clone Wars* Stil bedruckt

3 Nur wenige Minifiguren haben verschiedenfarbige Arme.

4 Der Körper ist auch hinten bedruckt.

EINE VON VOS

Jedi-Meister Quinlan Vos bildete Aayla Secura aus. Nur seine Minifigur hat Gesicht und Körper so bedruckt – exklusiv 2011 in Republic Frigate (Set 7964).

LIZENZ ZUM BOHREN!

WELTRAUMARBEITER

ZURÜCK ZUR MINE!

ARBEITER-DETAIL

Das LEGO® Space Logo ist unter dem Panzer verborgen, dafür hat er einen Bohrer statt der Rakete.

1. Neuer Helm mit einem transparenten Visier
2. Strahlenkanonenelement mit abnehmbarem Bohrer
3. Aufgedruckte Stahlzehenkappen

Der Weltraumarbeiter hat nicht nur einen coolen orangen Bohrer, sondern auch einen neuen Helm und Gesichtsaufdruck. Doch den Panzer hatten schon Galaxie-Wächter in der Minifigures Serie 7, Alien-Krieger in Serie 9, Lex Luthor in LEGO® DC Comics™ Super Heroes und Infearno in LEGO® Ultra Agents.

„Das Farbschema schwankte, doch am Ende nahmen wir fast die gleichen Farben wie in Luis Castañedas Konzeptskizze."

CHRIS B. JOHANSEN, LEGO MEISTERDESIGNER

MINI DATEN

Themenwelt
LEGO® Minifigures

Jahr
2014

Erster Auftritt
LEGO Minifigures Serie 12

Selten

ASTRONAUT

UNTER DEM HELM

Im Making-of *Behind The Bricks* von THE LEGO® MOVIE™ ist der rote Astronaut ohne Helm zu sehen – mit glatter schwarzer Frisur!

1. Originalhelmform wird auch in LEGOLAND Town und Castle Sets verwendet.
2. Der Sauerstofftank ist mit einer Halsklemme befestigt.
3. Das LEGO® Space Logo wird noch heute verwendet.

Der rote Astronaut und seine Forscherkollegen bedeuteten einen großen Sprung für die LEGO Minifiguren. Als Erste sausten sie in LEGOLAND Space kühn dorthin, wo noch nie Steine gewesen waren. Sie führten auch den visierlosen Helm ein, den es bis 1988 in Sets gab.

MINI DATEN

Themenwelt LEGOLAND® Space

Jahre 1978–1986

Erster Auftritt Mobile Raketen-Abschussrampe (462)

Selten

PASST DIR!

Der rote Astronaut raste als Erster zu den Sternen, rasch gefolgt von weißen, gelben, blauen und schwarzen Astronauten. Am seltensten ist der schwarze Astronaut, den es nur in acht Sets gibt.

Themenwelt
LEGO® *Star Wars*™

Jahre
1999–2000

Erster Auftritt
Naboo Swamp (7121)

Selten

Der Gungan-Amphibienkopf dieser Originalfigur von Jar Jar Binks in LEGO Star Wars wurde erstmals für eine Minifigur entwickelt. Exklusiv ist auch die auf den Körper gedruckte unordentliche Jacke mit Weste.

KOPF HOCH

Seit 1999 wurden über 30 exklusive Kopfformen für LEGO *Star Wars* Sets entwickelt.

JAR JAR BINKS

1 Diese Kopfform hat auch der Gungan-Soldat von 2000.

2 Fein gearbeitete Augenlider geben dem unbedruckten Kopfteil Charakter.

3 Lange Ohren bedecken den Rücken.

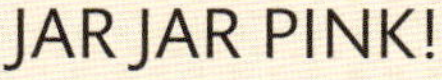

JAR JAR PINK!

2011 bekam Jar Jar eine leicht erneuerte Kopfform. Doch sie wirkt ganz anders dank aufgedruckter gelber und schwarzer Augen und einem pinken Tüpfelmuster auf seinen Ohren.

BLAUES GESCHWADER

Einen der Klonkrieger des Special Forces Commander enthielt Jek-14's Stealth Starfighter (Set 75 018). Die Figur ist recht ähnlich bedruckt, aber auf blauen Elementen.

Nur mit dem DK-Buch LEGO *Star Wars: Die Yoda-Chroniken* erhältlich, hat diese Minifigur ein Design, das auf frühen Konzeptzeichnungen für die Stormtrooper aus den *Star Wars* Filmen der 1970er-Jahre basiert.

Themenwelt
LEGO® *Star Wars*™

Jahr
2013

Erster Auftritt
DK-Buch LEGO *Star Wars: Die Yoda-Chroniken*

Selten  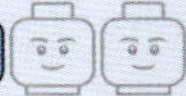

SPECIAL FORCES COMMANDER

1. Stormtrooper-Helmform mit exklusiver Bedruckung
2. Barsches Standard-Klongesicht unter dem Helm
3. Der Körper ist bis zu den Hüften bedruckt.

VADERS FAUST

Als Teil der 501. Legion („Vaders Faust") unterscheiden sich die Elitekrieger der Special Forces von anderen Klonkriegern durch blaue Markierungen auf dem Panzer.

KLON ALLEIN!

SNAKE

ACHTÄUGIGES ALIEN!

ICH BEHALTE DICH IN MEINEN AUGEN!

1 Der Stachelhelm ist hinten offen.

2 Das Visier verbirgt das Gesicht – zum Glück!

3 Kopfteil mit sieben Augen und vier Hauern

4 Achtes Auge in der Körpermitte

Themenwelt
LEGO® Space

Jahr
2009

Erster Auftritt
Containerraub (5972)

Selten

Snake ist als erfolgreichster Schurke im Unterthema Space Police III in vier Sets enthalten. Sein bewegliches Helmvisier verbirgt perfekt seine Identität. Denn seine Knopfaugen sind verräterisch – alle acht!

BANDENBILDUNG

Snake gehört der Black Hole Gang an. Diese Gangsterbande besteht aus Kriminellen aus dem Unterthema Space Police III: Squidman, Frenzy, Kranxx und den schrecklichen Totenkopf-Zwillingen.

NACKTES GESICHT

Snake ist in drei Sets identisch, nur in Alien-Gleiter (Set 8400) hat er kein Visier.

ALPHA DRACONIS

OBERSTER ALIEN!

WIR KOMMEN IN TEILEN!

1 Helm mit kompliziertem Schaltplan

2 Der transparente rote Kopf unter dem Helm ist mit bedrohlichen Augen bedruckt.

3 Der wuchtige Panzer passt unter den Kopf und macht größer.

STEHT IN DEN STERNEN
Alpha Draconis ist der Name eines Sterns und bedeutet „Kopf des Drachen".

Als Hauptgegner im Unterthema UFO war Alpha Draconis eine der ersten Alien-Minifiguren. Dieser intergalaktische Bösewicht hat einen Helm, den du abnehmen kannst – wenn du es wagst! Denn der Kopf darunter ist grauenvoll.

ALIEN-INVASION

Alpha Draconis ist der oberste Alien vom Planeten Humorless. Diese seltsam wirkenden, Gedanken lesenden Wesen gibt es in roten und blauen Varianten.

Themenwelt
LEGO® Space

Jahr
1997

Erster Auftritt
Alien Avenger (6975)

Selten    

MINI DATEN

Themenwelt LEGO® DC Comics™ Super Heroes

Jahr 2014

Erster Auftritt Werbegeschenk auf der Comic-Con, San Diego 2014

Selten

Dieser bunte Batman ist ein Alien-Verbrecherjäger vom Planeten Zur-en-Arrh! Als exklusives Werbegeschenk auf der San Diego Comic-Con 2014 hat er als einzige Batman-Variante einen Baseballschläger.

„Dieser Batman taucht manchmal in Comics auf und wir versuchten, das Typische seiner Erscheinung einzufangen, ihn so eindrucksvoll wie möglich zu machen!"
ADAM CORBALLY, LEGO GRAFIKDESIGNERCHEF

BATMAN VON ZUR-EN-ARRH

ER HAT'N SCHLÄGER, MANN!

1. Doppelseitiger Kopf mit Grinsen hinten
2. Fledermaussymbol im Retrostil
3. Der aufgedruckte Werkzeuggürtel reicht um den Körper.

UNSCHWARZER RITTER

Der Arctic Batman von 2013 stellt den Schwarzen Ritter im strahlend weißen Anzug dar, bereit, gegen Mr. Freeze zu kämpfen.

Dieser Roboter hat Beine! Und zwar die allerersten bedruckten Beine und Hüften an einer LEGO Minifigur. Als automatischer Handlanger der Schurkentruppen von Spyrius (daher der Name des Unterthemas LEGO Space Spyrius) hat er auch ein neues bedrucktes Robotergesicht und einen total transparenten Helm ohne Visier – eine weitere Minifiguren-Premiere!

Themenwelt
LEGO® Space

Jahr
1994

Erster Auftritt
Berg der Mutanten (6959)

Rarity   

SPYRIUS-DROIDE

Neue transparente Version des LEGO Standardhelms

Das Kopfelement trägt auch ein Droide der Themenwelt LEGO Time Cruisers von 1996.

Allererste bedruckte Beine und Hüften

SPION

Im LEGO.com Video *H.Q.-Briefing* trägt der Spyrius-Droide eine Space Police I Uniform.

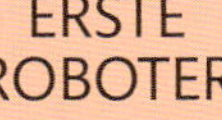

ERSTE ROBOTER

Spyrius war das erste Unterthema, in dem Minifiguren als Roboter auftraten.

ERSTE BEDRUCKTE BEINE

VIERTES KAPITEL

DU BIST MEIN HELD!

DIESE MINIFIGUREN STEHEN FÜR RECHT UND ORDNUNG UND SCHÜTZEN UNS VOR BÖSEWICHTEN!

SELTENE GEWÄNDER

KAI (ELEMENTARGEWÄNDER)

NINJA, GO!

1 Gleiches Kopftuch wie bei der ZX-Variante

2 Standardgesicht mit aufgedruckter Narbe am linken Auge

3 Exklusiver schwarzer Kimono mit rot-goldenem Muster

NINJA-SCHWERT
Diese Kai-Variante schwingt ein zweischneidiges Feuerschwert.

Der LEGO NINJAGO Ninja des Feuers trägt seine Elementargewänder bislang nur im Set Kais Feuerroboter. Kais formeller Kimono ist überwiegend schwarz – sonst trägt er rote Gewänder – und die Ninja-Farbe wird nur für Details verwendet.

MINI DATEN

Themenwelt LEGO® NINJAGO™

Jahr 2013

Erster Auftritt Kais Feuerroboter (70500)

Selten 

LUFTSPRÜNGE
In Rattlecopter (Set 9443) saust die ZX-Variante von Kai dank einem tollen Raketenpack ins Gefecht!

MINI DATEN

Themenwelt
LEGO® *Star Wars*™

Jahr
2012

Erster Auftritt
Republic Striker-class Starfighter (9497)

Selten

Trete den Sith entgegen mit Satele Shan, der Jedi der Alten Republik. Diese Minifigur einer Jedi-Ritterin gibt es nur in Republic Striker-class Starfighter – doch ihr bedrucktes Gesicht trägt in der Themenwelt LEGO® DC Comics™ Super Heroes auch Wonder Woman von Anfang 2012.

SATELE SHAN

1. Das Haarteil trägt auch Agentin Trace in LEGO® Agenten.
2. Zweiseitiges Kopfteil mit lächelndem Gesicht hinten
3. Beine mit grauer Hose und grünen Stiefeln
4. Seltenes Lichtschwert mit Doppelklinge

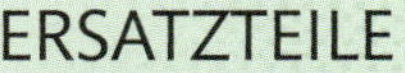

ERSATZTEILE

Satele Shans Droidengefährte T7-01 besteht, anders als sonstige LEGO Astromech-Droiden, aus 15 Teilen statt der üblichen vier.

Die Rock Raiders wären ohne ihre entschlossene Pilotin Lieutenant Jet Marshall verloren. Das einzige weibliche Mitglied des Raumfahrerteams gab es in sieben Rock Raiders Sets und als Minifigur-Schlüsselanhänger.

Themenwelt
LEGO® Rock Raiders

Jahr
1999

Erster Auftritt
Light Hover (1274)

Selten   

JET MARSHALL

ICH HABE ALLES IM GRIFF!

ROCK-LESER

Die ersten Rock Raiders Sets enthielten auch Rock Raiders Comics.

1 Gleicher Helm wie bei LEGO Explorers

2 Blondes Haar und Headset auf Kopfteil gedruckt.

3 LEGO Logo auf dem Rücken

DIE ROCK RAIDERS

Jets Kumpel sind: Fahrer Axel, Steuermann Bandit, Kommandeur Chief, Geologe und Sprengstoffexperte Docs und Mechaniker Sparks.

RARER ERBE!

JAGEN WIR EINEN ORK!

1 Das exklusive Kopfteil zeigt hinten eine ruhige Miene.

2 Der Stoffumhang ist innen rot und außen schwarz.

3 Körper mit Abendstern-Kette und Weißem Baum von Gondor bedruckt

ARAGORN

HELDEN-HAAR
Aragorns Haarteil gibt es auch in Sets von LEGO® *Prince of Persia™* und LEGO® *Pirates of the Caribbean™*.

Der heroische Verteidiger der Hobbits erscheint in vier Sets, trägt sein königliches Gewand jedoch nur hier. Diese Variante hat das gleiche Kopf- und Haarelement wie die anderen, besitzt aber einen Umhang und Druckdetails gemäß seinem Status als Erbe von Gondor.

MINI DATEN

Themenwelt
LEGO® *The Lord of the Rings™*

Jahr
2013

Erster Auftritt
Die Schlacht am Schwarzen Tor (79 007)

Selten

HO, STREICHER!

Aragorn trägt in allen anderen Sets sein braunes Rangergewand und ein Schwert. In Überfall auf der Wetterspitze (Set 9472) hält er auch eine brennende Fackel.

LLOYD GARMADON

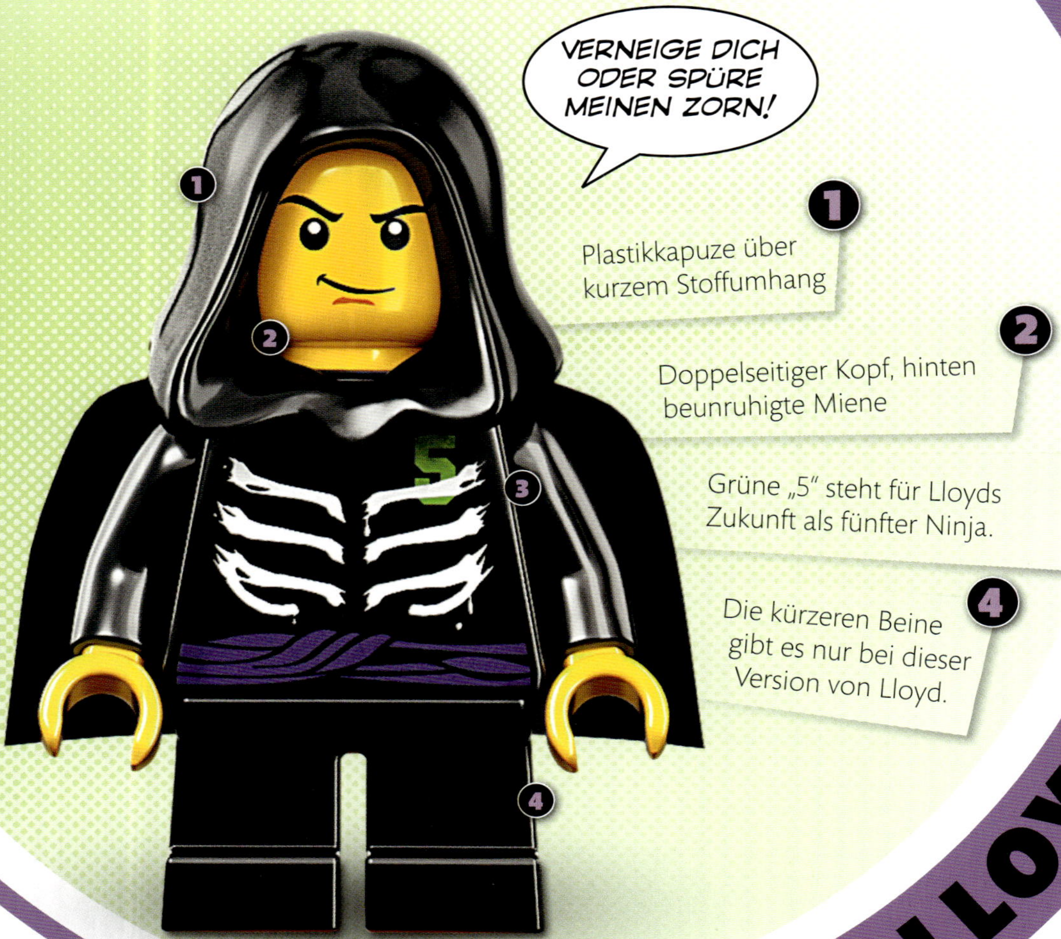

VERNEIGE DICH ODER SPÜRE MEINEN ZORN!

1 Plastikkapuze über kurzem Stoffumhang

2 Doppelseitiger Kopf, hinten beunruhigte Miene

3 Grüne „5" steht für Lloyds Zukunft als fünfter Ninja.

4 Die kürzeren Beine gibt es nur bei dieser Version von Lloyd.

Lloyd ist der Sohn des LEGO NINJAGO Schurken Lord Garmadon, aber er wird ein Guter und kämpft gegen das Böse als mutiger Grüner Ninja!

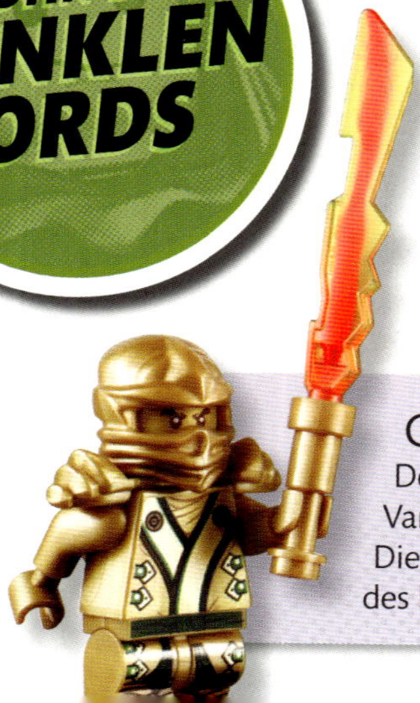

Themenwelt
LEGO® NINJAGO™

Jahr
2012

Erster Auftritt
Rattlecopter (9443)

Selten    

GOLDENER JUNGE

Der junge Lloyd trägt als eine Variante nicht überwiegend Grün. Die andere ist die goldene Variante des Höchsten Spinjitzu Meisters.

MINI DATEN

Themenwelt
LEGO® *Star Wars*™

Jahr
2015

Erster Auftritt
Ezra's Speeder Bike (75 090)

Selten

Unter dem Decknamen Spectre 5 ist diese Waffenexpertin eine Hauptfigur in der TV-Serie *Star Wars Rebels*™. Ihre Minifigur ist toll bedruckt, hat ein spezielles blaues Haarteil und ein Paar Blasterpistolen.

SABINE WREN

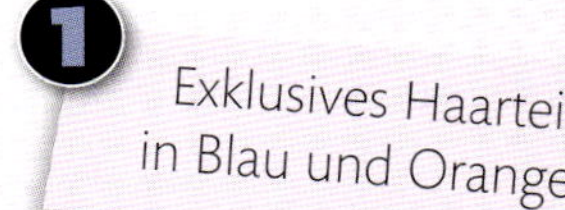

NIEDER MIT DEM IMPERIUM!

1 Exklusives Haarteil in Blau und Orange

2 Doppelseitiges Kopfteil, hinten mit knirschenden Zähnen

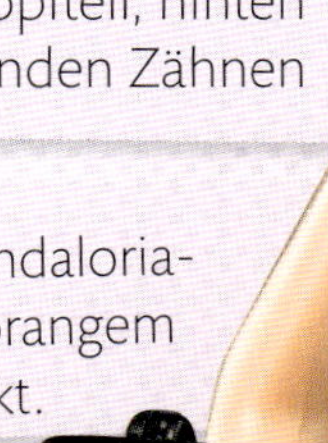

3 Der Körper ist mit mandalorianischem Panzer und orangem Rebellensymbol bedruckt.

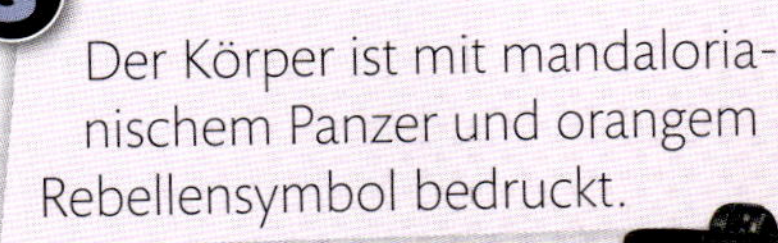

REBELLENFREUND

Sabine Wrens Mitrebelle Ezra Bridger gibt es auch im Set Ezra's Speeder Bike. Sein exklusives Lichtschwert hat einen Griff aus einem Feldstecherelement.

Setze deine Spectrebrille auf und schau dir diese zauberhafte Minifigur genau an. Sie ist in mancher Hinsicht einmalig und auch die einzige Ravenclaw-Schülerin in einem LEGO Harry Potter Set. Da gibt es nichts herumzudeuteln!

GINNY

Luna und Ginny Weasley sind exklusiv im Set Hogwarts Express. Ginny hat auch zwei Gesichter: ein Stirnrunzeln und ein schiefes Grinsen.

Themenwelt
LEGO® Harry Potter™

Jahr
2010

Erster Auftritt
Hogwarts Express (4841)

Selten

LUNA LOVEGOOD

HEXENBRILLE

In *Harry Potter* gibt es zu Lunas Spectrebrille auch die Zaubererzeitung *The Quibbler*. Sie taucht als bedruckte Kachel im Set Hogwarts Express auf.

ICH BIN RARER ALS EIN BLIBBERNDER HUMDINGER!

1 Haarelement auch bei Cheerleader in Minifigures Serie 1

2 Kopf zeigt hinten die lächelnde Luna ohne Brille.

3 Exklusiver Aufdruck: ungewöhnlicher Rock über den Hosenbeinen

TOTAL IRRE!

EMMET (WILDER WESTEN)

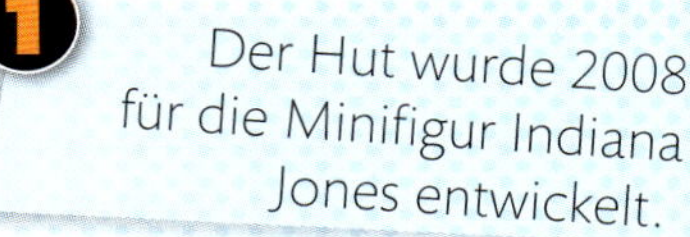

1 Der Hut wurde 2008 für die Minifigur Indiana Jones entwickelt.

2 Schnurrbart als clevere Maske

3 Exklusives Stoffponcho-Design

4 Beine und Körper sind wie beim Bauarbeiter bedruckt.

Versuche doch mal, Emmet Brickowski in dieser cleveren Cowboy-verkleidung samt Bauarbeiterausweis zu entdecken. Diese schwer zu findende Werbe-Minifigur gab es nur bei Vorbestellungen des Videospiels von THE LEGO MOVIE.

Themenwelt
THE LEGO® MOVIE™

Jahr
2014

Erster Auftritt
Werbegeschenk für THE LEGO MOVIE Videospiel

Selten

SCHLAFENSZEIT!

Zeit, um sich hinzuhauen? Emmet ist jedenfalls bettreif in seinem gestreiften Pyjama. Auch diese Variante war ein Werbegeschenk und hat ein doppelseitig bedrucktes Gesicht – zwinkernd oder gähnend.

SPIELZEUGSOLDAT

SCHLÜSSELFIGUR!

BIN ICH AUFZIEHBAR?

1 Die Hutform wurde 1989 für LEGO® Pirates entwickelt.

2 Der Kinnriemen ist aufgedruckt.

3 Der Schlüssel passt in die rote Halsklemme.

4 Arme und Beine mit Golddruck

MINI DATEN

Themenwelt
LEGO® Minifigures

Jahr
2014

Erster Auftritt
DK-Buch LEGO *Minifigures Lexikon der Sammelfiguren*

Selten 

Dieser rosenwangige Bursche ist exklusiv im DK-Buch LEGO *Minifigures Lexikon der Sammelfiguren* von 2014 enthalten. Er hat einen seltenen (und leider nicht funktionierenden) Aufziehschlüssel und gehört bislang als einzige Figur nicht einer größeren Minifiguren-Serie an.

MILITÄRKAMERADEN

Der Spielzeugsoldat ähnelt den Kaiserlichen Soldaten aus der Themenwelt LEGO Pirates. Diese mutigen Seelen kämpfen gegen Kapitän Rotbart und seine miese Mannschaft!

MINI DATEN

Themenwelt
LEGO® *The Lord of the Rings™*

Jahr
2013

Erster Auftritt
Der Rat von Elrond (79 006)

Arwen erscheint nur in einem einzigen Set von *The Lord of the Rings* und besteht aus exklusiven Elementen. Sie ist bekannt für ihre Schönheit und auch ihre Minifigur ist sehenswert, mit neuer Haarskulptur und detailreich bedrucktem Gesicht, Körper und Rock.

KOMPAKTER RAT

Der Rat von Elrond ist mit 243 Teilen eines der kleinsten Sets in LEGO *The Lord of the Rings.*

ARWEN

ELBISCH EXKLUSIV

1 Neues Haarelement mit spitzen Ohren

2 Doppelseitiger Kopf mit zorniger Miene hinten

3 Schräges Element, mit wallendem Kleid bedruckt

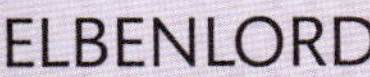

ELBENLORD

Die dritte Variante von Arwens Vater Elrond gibt es auch nur im Set Der Rat von Elrond. Er ist wie seine Tochter exklusiv bedruckt.

Mon Mothma, die Anführerin der Rebellenallianz, führt die Rebellen-Minifiguren im Gefecht gegen das böse Imperium. Diese LEGO® *Star Wars*™ Figur gibt es exklusiv im Set *Home One* Mon Calamari Star Cruiser.

Themenwelt
LEGO® *Star Wars*™

Jahr
2009

Erster Auftritt
Home One Mon Calamari Star Cruiser (7754)

Selten

MON MOTHMA

EDLE HALSKETTE

Mon Mothmas Oberkörper schmückt die chandrilianische Freiheitsmedaille – eine große Ehre in ihrer Heimat.

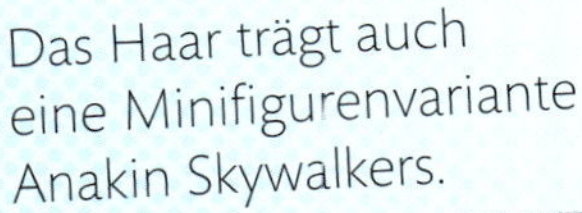

1 Das Haar trägt auch eine Minifigurenvariante Anakin Skywalkers.

2 Gesicht wie die Originalminifigur Prinzessin Leia

3 Weißer Stoffumhang

KAMERAD MIT UMHANG

Im selben Set wie Mon Mothma ist eine exklusive Minifigur von Lando Calrissian in Generalsuniform. Auch er trägt einen Umhang und sein Körper basiert auf seinem Auftritt in *Die Rückkehr der Jedi-Ritter*.

LAVAL

3… 2… 1…
WIR SIND
GESTARTET!

Der Kopfschmuck passt auf jeden Standard-Minifigurenkopf.

Die Augenlöcher sind auf das Kopfteil gedruckt.

Mehrteiliges Jetpack passt auf den Panzer.

Auf die Beine gedruckter Panzer mit Löwendetail

Themenwelt
LEGO® Legends of Chima™

Jahr
2013

Erster Auftritt
Scorm's Scorpion Stinger (70132)

Selten

Laval, Prinz des Löwenstammes von Chima, gibt es in vielen Varianten, doch nur eine hat ein Jetpack mit Raketenantrieb! Es hat acht Teile, samt zwei LEGO® *Star Wars*™ Lichtschwertgriffen, und erscheint in Scorm's Scorpion Stinger.

„Diese Minifigur war eine Herausforderung. Beim Elementdesign gab es viele technische Auflagen."
ALEXANDRE BOUDON, LEGO MEISTER-DESIGNER

VERTEIDIGER VON OUTLAND

Laval verteidigt in der gleichen Rüstung, doch ohne Jetpack, Lavertus' Outland Base (Set 70134) gegen Stammesrivalen.

ALPHA-TIER

DASH JUSTICE

TEAM-SPIELER

Dash Justice und sein Team traten auch im eigenen Videospiel auf.

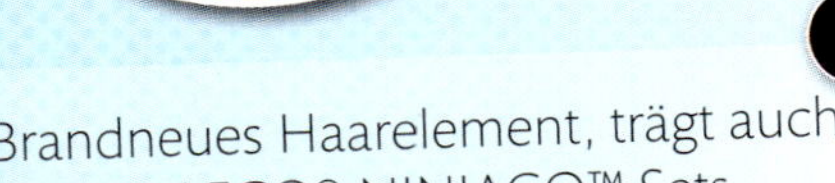

1. Brandneues Haarelement, trägt auch Zane in LEGO® NINJAGO™ Sets.
2. Headset aufs exklusive Gesicht gedruckt
3. Körper bedruckt, auch mit Alpha Team Logo

MINI DATEN

Themenwelt
LEGO® Alpha Team

Jahr
2001

Erster Auftritt
Alpha Team Helicopter (6773)

Selten 

Minifiguren sind selten so cool wie Dash Justice, Geheimagent und Anführer des furchtlosen Alpha Teams. Dash tritt in vielen Varianten auf, mit anderem Aussehen und in aufregenden Missionen. Sein schwarzer Anzug ist ideal für Geheimoperationen.

DASH & CO.
Die Tiefsee-Variante von Dash hat einen Taucherhelm, der stoppelfreie Deep Freeze trägt eine coole Sonnenbrille. Doch beide haben Dashs typisches schiefes Grinsen.

MINI DATEN

Themenwelt
LEGO® NINJAGO™

Jahr
2011

Erster Auftritt
Nya (2172)

Selten

Die überragende Kriegerin Nya ist die Schwester von Kai, dem Ninja des Feuers. Sie war die erste weibliche Minifigur in der Themenwelt Ninjago und eine der wenigen mit doppelseitigem Kopf. Im anderen Gesicht bedeckt eine Ninja-Maske ihren Mund.

NYA

1 Das Haarelement taucht erstmals bei Irina Spalko in LEGO® *Indiana Jones*™ auf.

2 Kopfteil hinten mit Ninja-Maske

3 Rotes Gewand mit Phoenix-Aufdruck wie bei ihrem Bruder Kai

GANZ NEUE WELT

Nya tritt kurz auf in E LEGO® MOVIE™, als Wyldstyle Emmet von en Reichen im LEGO Universum erzählt.

DER X-FAKTOR

Die Samurai X Version von Nya hat einen Helm wie Lord Garmadon, aber eine rote Maske bedeckt ihren Mund. Der ebenfalls zweiseitige Kopf zeigt vorn eine entschlossene und hinten eine zornige Miene.

Themenwelt
LEGO® *The Hobbit*™

Jahr
2014

Erster Auftritt
Angriff auf Seestadt (79 016)

Selten 

Tauriel fällt auf unter den Elben in LEGO® *The Hobbit*™ mit ihrem orangen Haar und sommersprossigen Gesicht. Eine frühere Variante hatte auch diese Merkmale, doch die neueste Version ist auf Körper und Beinen heller bedruckt und exklusiv im Set Angriff auf Seestadt.

EINZIGE ORANGE-HAARIGE ELBE

TAURIEL

1 Haarteil auch bei anderen Elben in anderen Farben

2 Die Elbenohren gehören zum Kopfteil.

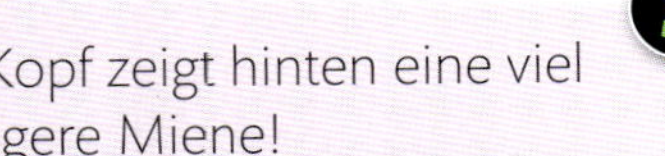

3 Der Kopf zeigt hinten eine viel zornigere Miene!

„In dem leuchtenden Grün fällt Tauriel wirklich auf am düsteren Seestadt-Schauplatz!"
DJORDJE DJORDJEVIC, LEGO CHEFDESIGNERIN

GUT AUSGERÜSTET

Tauriel hat den gleichen Bogen wie der Held Bard the Bowman. Ihre frühere Variante hatte silberne und goldene Elben-Zwillingsmesser, erstmals in LEGO® *Prince of Persia*™ zu sehen.

FÜNFTES KAPITEL

SPUKHAFT UND GRUSELIG

ACHTUNG!
DU ÖFFNEST
EINE GRUFT VOLLER
MINIFIGUREN-
UNHOLDE! WAGST
DU ES UMZU-
BLÄTTERN?

GESPENST

Dieser grinsende Geist war sehr beliebt, als er 1990 herauskam. Er erschien in sieben Sets innerhalb von fünf Jahren und erschreckte Schwarze Ritter, Königsritter und sogar einen alten Baum! Unter dem neuen Gewand ist nur ein weißer Körper und ein schwarzer Kopf.

MINI DATEN

Themenwelt
LEGO® Castle

Jahre
1990, 1992–1993, 1995

Erster Auftritt
Leuchtender Schlossgeist (6034)

Selten 

LEUCHTET IM DUNKELN!

„Ich habe das Gespenst gestaltet. Damals musste man einen fünfmal so großen hölzernen Prototyp bauen!"
NIELS MILAN PEDERSEN, LEGO DESIGNER

1 Schauriges Gesicht mit klassischem LEGO Lächeln

2 Schwarzer Kopf durch Mund- und Augenlöcher zu sehen

3 Das leuchtende Gespenstelement ist über Kopf und Körper gestülpt.

4 1x2-Stein und 1x2-Platte statt Beinen

EIN WENIG POLTERIG

Gespenster spielen auch eine große Rolle in der Welt von Harry Potter, doch die einzige Minifigur ist der Poltergeist Peeves. Er erschien 2001 in zwei Sets.

DAS MONSTER

1 Exklusive Kopfverlängerung mit Seitennoppen

2 Vorn und hinten sind Reißverschlüsse auf die Kopfverlängerung gedruckt.

3 Exklusive aufgedruckte Patchworkjacke

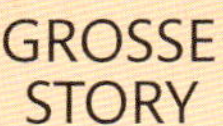

GROSSE STORY

Das Monster sollte zuerst 1x1-Platten an den Füßen haben, um größer zu werden.

Dieses klassische Monster hat einen Extra-Körperteil – eine exklusive Kopf-Verlängerung. Das monströse Teil ist vorn und hinten mit Reißverschlüssen bedruckt. Von Schrauben und Muttern ganz zu schweigen!

MINI DATEN

Themenwelt
LEGO® Studios

Year
2002

Erster Auftritt
Die verrückte Gruselfabrik (1382)

Selten

MONSTER & CO.

Dieses Monster ist nicht die einzige Minifigur mit lockeren Schrauben. Das Monster aus der Minifigures Serie 4 und der Monster Butler aus LEGO® Monster Fighters sind Variationen dieses klobigen Schurken.

ZOMBIE

1 Selten hat eine Minifigur weder Hut noch Haar.

2 Dunkelsteingrauer Körper mit mittelsteingrauen Händen

3 Die Keule ist länger als eine normale LEGO Truthahnkeule.

4 Die Schaufelform ist seit 1979 unverändert!

ERSTER ZOMBIE!

MINI DATEN

Themenwelt
LEGO® Minifigures

Jahr
2010

Erster Auftritt
LEGO Minifigures Serie 1

Selten 

Die allererste Zombie-Minifigur hat nicht gerade viel Hirn ... Dafür liebt der Zombie Truthahnkeulen! Seine Aufnahme in die erste Serie von sammelbaren Minifiguren bestätigte die Bandbreite der Themenwelt und demonstrierte, was eine Minifigur alles sein konnte.

HALLOWEEN-HORROR

Der Zombie erscheint auch im Set Halloween Accessory (850487), aber mit braunem Anzug und grauer Krawatte.

ANSTECKEND!

Minifigures Serie 1 führte auch einen Ska ein, der für dieses Bu zum Zombie umge staltet wurde.

MINI DATEN

Themenwelt
LEGO® *The Lord of the Rings*™

Jahr
2013

Erster Auftritt
Pirate Ship Ambush (79 008)

Selten

Der verfluchte König der Toten findet erst Ruhe, wenn er seinen Eid erfüllt, das Land von Gondor zu beschützen. Es gibt ihn nur in einem LEGO *The Lord of the Rings* Set, das auch zwei seiner Soldaten der Toten enthält.

KÖNIG DER TOTEN

1 Exklusive sand-grüne Krone

2 Ein im Dunkeln glühendes Kopfteil mit zwei Mienen

3 Mit schaurig entblößten Rippen bedruckter Körper

4 Umhang trägt auch Harry Potters Quidditch-Variante.

GEISTERGLÜHEN

n Dunkeln glühende EGO Elemente geben espeichertes Licht lang-am als spukhaftes weißes der grünes Glühen ab!

Als einer der Häscher des bösen Genies Dr. Inferno will Slime Face gesunkene Schätze heben – wenn die LEGO Agenten dies nur zuließen! Der transparente, neongrüne Kopf seiner Minifigur wirkt wie schleimig grüner Wackelpudding.

Themenwelt
LEGO® Agents

Jahr
2008

Erster Auftritt
Deep Sea Quest (8636)

Selten

ENTSCHULDIGUNG, BIN ERKÄLTET.

1 Seltener Helm, trägt auch Mr. Freeze in LEGO® DC Comics™ Super Heroes

2 Transparenter grüner Kopf mit Schleimaufdruck

3 Dr. Infernos Logo – ein brennender Totenschädel

„Auffallend sind Augen und Mund. Das rote Auge ist ein Kontrast zum Schleim."
LAUGE DREWES, LEGO DESIGN-MANAGER

KRUDE CREW

Slime Face ist nicht der einzige miese Kumpan von Dr. Inferno. Genauso übel sehen Break Jaw und Gold Tooth aus.

GRUSELIGES MÄDCHEN

1 Das exklusive Haar fällt vorn und hinten über den Körper.

2 Eine Spinne kriecht aus der Tasche.

3 Das Teddybär-Element trägt auch der Panda-Mann – seiner ist natürlich auch schwarz-weiß!

4 Grauer Stoffrock

GANZ SCHWARZ UND WEISS

Das Gruselige Mädchen besteht aus schwarzen, weißen und grauen Elementen – auffällig ist ihr neues Haarteil. Sie trägt eine schwarze Jacke und ihre Beine sind mit Ringelsocken bedruckt. Sie ist die fünfte sammelbare Minifigur mit einem Teddybär, doch nur ihrem fehlt ein Auge.

MINI DATEN

Themenwelt
LEGO® Minifigures

Jahr
2014

Erster Auftritt
LEGO Minifigures Serie 12

Selten

DIE SCHWARZ-WEISSEN SETS

Das Gruselige Mädchen ist die dritte schwarz-weiße Minifigur. Die erste war die Pantomime aus Serie 2, die zweite der Traurige Clown aus Serie 10.

VAMPIR

KULTIGER HORROR SCHURKE

BISSCHEN BLUT?

1 Neues zurückgegeltes Haarelement

2 Drehbarer Kopf – hinten ist ein offener Mund

3 Wallender Umhang, innen rot und außen braun

HAAR-ERBE
Das Haar des Vampirs trägt auch Wolverine aus LEGO® Marvel Super Heroes.

MINI DATEN

Themenwelt
LEGO® Studios

Jahr
2002

Erster Auftritt
Die Gruft des Vampirs (1381)

Selten 

Dieser Graf mit Umhang hat viele Fans. Er ist nicht nur die Originalminifigur eines Vampirs, sondern trägt auch als Erster ein gegeltes Haarelement mit spitzem Ansatz. Sein doppelseitiger Kopf zeigt ein Lächeln mit Vampirzähnen oder einen geöffneten Mund, der auf einen Hals zum Anbeißen lauert.

FAKTENHAPPEN
Beseitige einen Vampir und es erscheint ein anderer. Zum Glück ist der Vampir aus der Minifigures Serie 2 kein normaler Blutsauger. Er trinkt lieber einen Obstsmoothie als einen Liter roten Stoff.

Themenwelt
LEGO® Minifigures

Jahr
2015

Erster Auftritt
LEGO Minifigures Serie 14

Selten 

In der Themenwelt LEGO Minifigures treten immer auch Figuren in seltsamen Kostümen auf. Früher gab es Minifiguren als Häschen, Hühnchen, Gorillas – sogar als Hot Dogs verkleidet. Aber als menschenfressende Pflanze? Das ist eine Premiere!

PFLANZENUNGEHEUER

1 Entsetzte Miene – hat dieses Monster Angst vor sich selbst?

2 Exklusive fleischfressende Pflanze um das Kopfteil

3 Die dunkelgrünen Beine und der Körper haben die Farbe der meisten LEGO Pflanzen.

ANGST WOVOR?

Das Pflanzenungeheuer ist nicht die erste Minifigur mit ängstlicher Miene. Auch der Gefahrgutbeauftragte hat trotz seines Schutzanzugs Angst.

PACK DIE SCHAKALE

Gemeinsam mit der Fliegenden Mumie hüten zwei Anubis-Wachen die Pyramide des Pharaos (Set 7327) – schakalköpfige Krieger mit Schwert und Skarabäusschild.

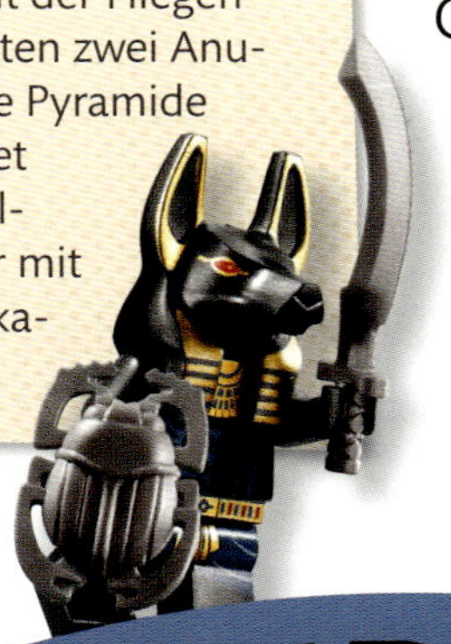

2011 ausgegraben als Teil des Themas Pharaoh's Quest, besitzt die Fliegende Mumie ein wirklich extravagantes Flügelelement. Es sitzt am Hals der Minifigur und hat 22 beige und 18 blaue Federn.

MINI DATEN

Themenwelt
LEGO® Pharaoh's Quest

Jahr
2011

Erster Auftritt
Duell in der Luft (7307)

Selten

FLIEGENDE MUMIE

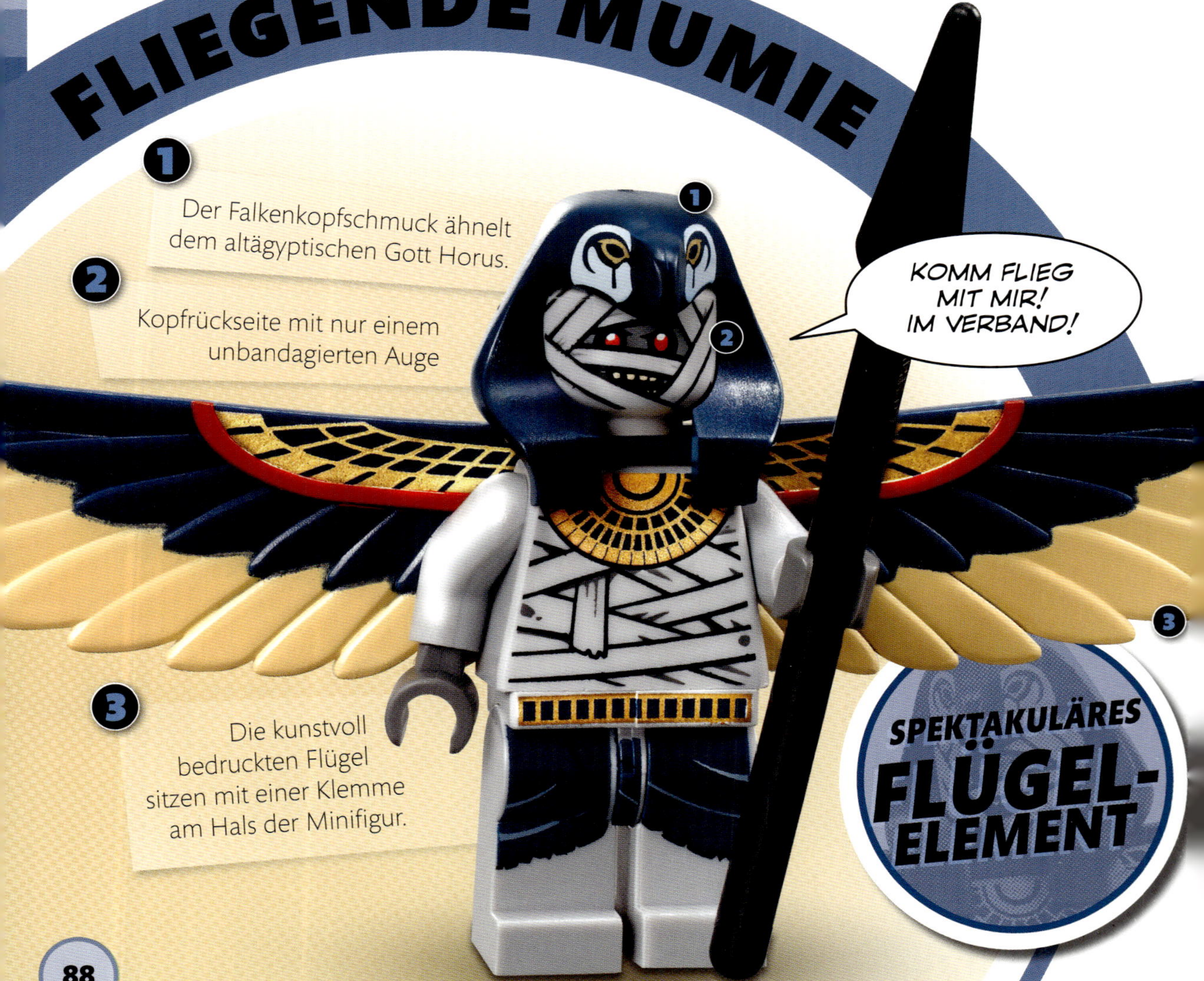
KOMM FLIEG MIT MIR! IM VERBAND!

1 Der Falkenkopfschmuck ähnelt dem altägyptischen Gott Horus.

2 Kopfrückseite mit nur einem unbandagierten Auge

3 Die kunstvoll bedruckten Flügel sitzen mit einer Klemme am Hals der Minifigur.

SPEKTAKULÄRES FLÜGELELEMENT

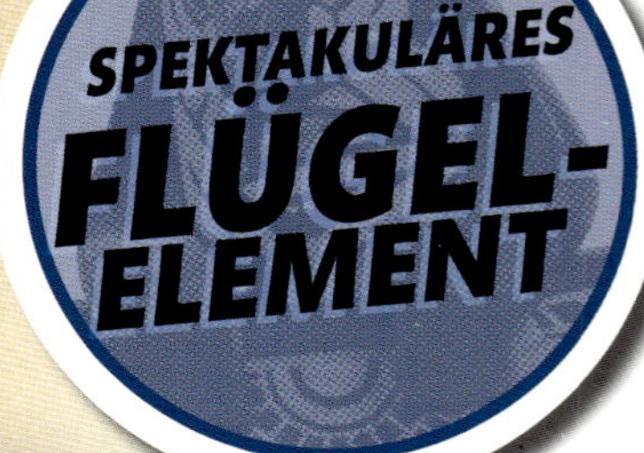

BRAUT-ALARM

1 Keine andere Minifigur trägt so einen braunen Pferdeschwanz.

BLUT-WURST
Das Thema Monster Fighters enthält auch einen Zombie-Koch!

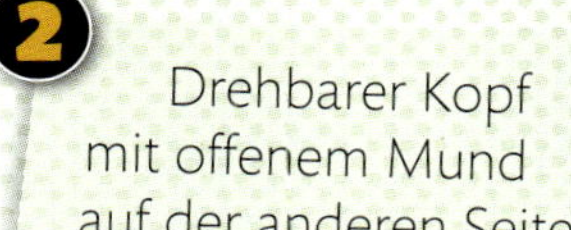

2 Drehbarer Kopf mit offenem Mund auf der anderen Seite

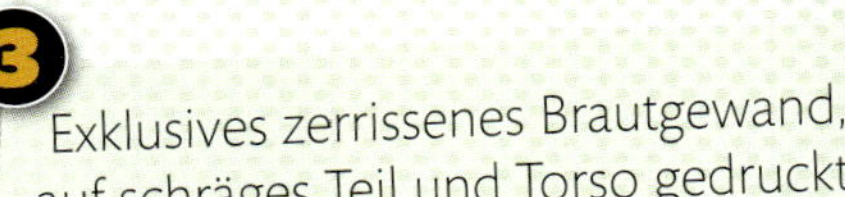

3 Exklusives zerrissenes Brautgewand, auf schräges Teil und Torso gedruckt

ZOMBIEBRAUT

Am Hochzeitstag trägt die Zombiebraut ein ausgefallenes schräges Element, das wie ein zerfetztes Hochzeitskleid bedruckt ist. Minifiguren sollten aufpassen, wenn sie zur Hochzeit eingeladen werden – sie könnten zum Menü gehören …

LIEBE AUF DEN ERSTEN BISS

Das Zombie-Set ist gut besetzt – neben der Zombiebraut gibt es den Zombiebräutigam mit Zylinder und einen Zombiefahrer in zerfetzter Chauffeursuniform.

MINI DATEN

Themenwelt
LEGO® Monster Fighters

Jahr
2012

Erster Auftritt
Die Zombies (9465)

Selten

HAIKÖNIG

PSST, ICH KANN NICHT SCHWIMMEN!

GOLDKÖNIG

Die Brustplatte des Königs trägt 2011 auch der Goldene König von Atlantis.

1. Der Helm verbirgt das Fischgesicht!
2. Panzer und Helm in Schwarz mit Goldaufdruck
3. Der Schatzschlüssel ist ein Element.

ROSTE IN FRIEDEN!

Als einer der sechs Hüter der Unterwasserwelt von Atlantis besitzt der Haikönig einen neuen Helm mit einem noch nie dagewesenen gold-schwarz gesprenkelten Muster. Diese Minifigur besteht aus fünf Teilen, vier davon hat nur sie.

SCHATZSCHLÜSSEL

Bis auf zwei enthalten alle LEGO Atlantis Sets speziell geformte Schatzschlüssel, nach denen die Taucher in der Story von 2010 suchten.

Themenwelt
LEGO® Atlantis

Jahr
2010

Erster Auftritt
Große Haifestung (8078)

Selten 

MINI DATEN

Themenwelt
LEGO® Harry Potter™

Jahr
2005

Erster Auftritt
Duell auf dem Friedhof (4766)

Selten  

Du weißt nicht, ob du „accio“ oder „evanesco“ sagen sollst, wenn du diese furchtbare Minifigur siehst! Diese Variante von Du-weißt-schon-wem in grauem Umhang hat helle Augen in seinem im Dunkeln leuchtenden Kopf. Er sieht okay aus für jemanden, der in einer Zwischenwelt feststeckt.

LORD VOLDEMORT

1 Der Kopf leuchtet im Dunkeln.

2 Umhang tragen auch Dementor-Minifiguren.

3 Körper und Beine darunter sind schwarz.

NASE AN NASE

Lord Voldemort ist eine der wenigen LEGO Minifiguren mit eigener Nase, doch sein Charakter hat seine verloren!

SCHWARZER UMHANG

Wie Lord Voldemort auf eine dunkle Zukunft verweisend, trägt Tom Riddle aus Die Kammer des Schreckens (Set 4730) als einzige Slytherin-Minifigur einen schwarzen Umhang.

Dieser gruselige Typ ist bereit für die schrecklichste Nacht des Jahres! Der Mann im Skelett-Kostüm erinnert an die unverwüstliche LEGO Skelettfigur, doch nun in echter Minifiguren-Form. Besonders zu beachten sind die bedruckten Arme und der Kürbiskorb. Süßes oder Saures!

Themenwelt
LEGO® Minifigures

Jahr
2015

Erster Auftritt
LEGO Minifigures Serie 14

Selten 

MANN IM SKELETT-KOSTÜM

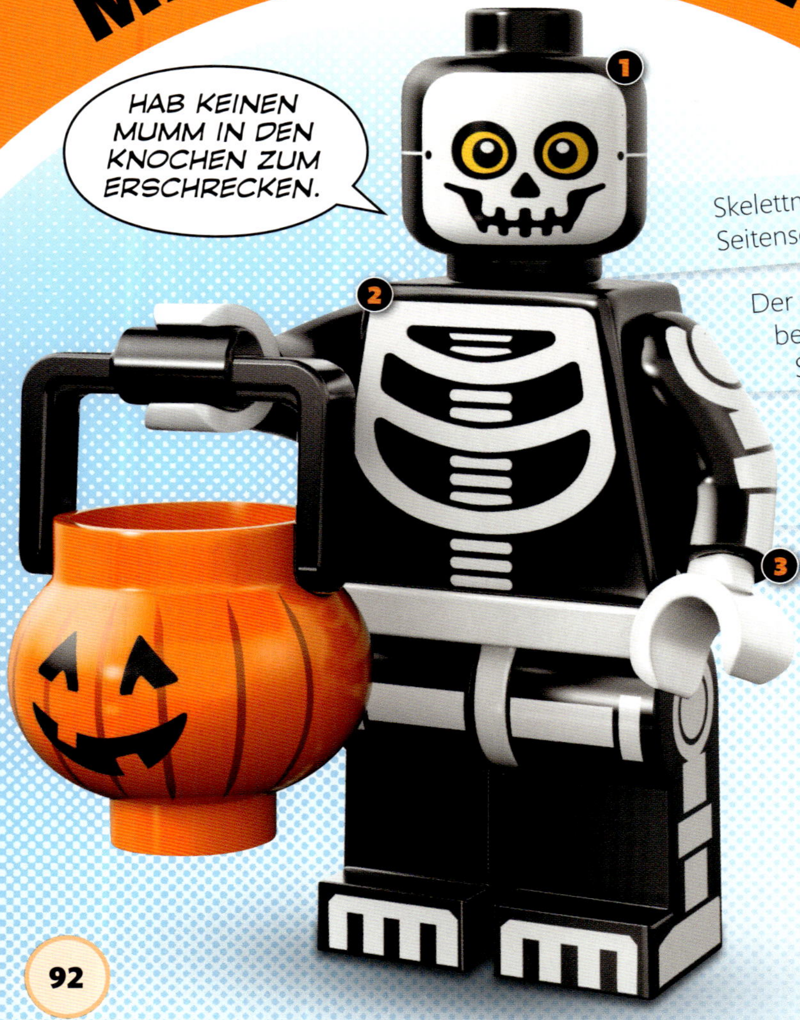

1 Skelettmaske mit Seitenschnüren

2 Der Körper ist bedruckt wie LEGO Skelettfiguren.

3 Der Aufdruck auf Armen und Beinseiten ist ein seltenes Detail.

„Vor einigen Jahren zeichnete ich den Mann im Skelett-Kostüm, wie ich ihn mir vorstellte. Außer den Augen hat sich nicht viel geändert."
CHRIS B. JOHANSEN, LEGO MEISTERDESIGNER

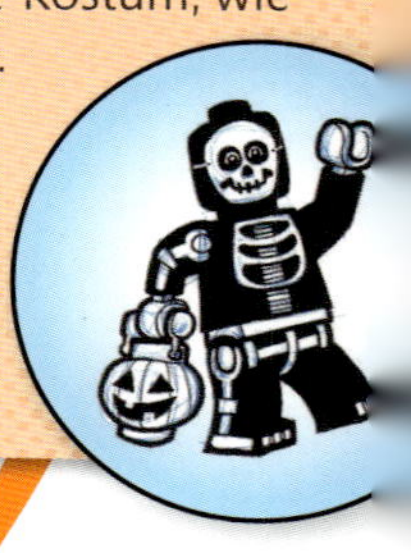

ZOMBIE-SKATEBOARDER

SPEZIELLE ZOMBIE-VARIANTE

URRR... MUSS... ES TUN... OLLIE!

1 Gleiche Miene wie Skateboarder in Serie 1

2 Der Schädelaufdruck hat nun X-förmige „tote" Augen.

3 Noppen halten die Minifigur auf dem Skateboard.

Der erste Skateboarder gehörte zur Minifigures Serie 1, doch diese Zombieversion gibt es nur mit diesem Buch. Mit seinen roten Augen und der grauen Haut ist er der jüngste in einer langen Reihe von LEGO Zombies, die auch in Serie 1 begann.

„Ich finde es toll, uns bestehende Charaktere neu vorzustellen, um zu sehen, wie es ihnen erging. Ich schätze, dieser Typ war doch kein so guter Skater ..."

CHRIS B. JOHANSEN, LEGO MEISTERDESIGNER

MINI DATEN

Themenwelt
LEGO® Minifigures

Jahr
2015

Erster Auftritt
DK-Buch LEGO Megatolle Minifiguren

Selten

BÖSE KÖNIGIN

GRUSELIGE SCHACH FIGUR!

ICH KENNE DEINE ZÜGE!

1. Langes, blutrotes Haarelement
2. Gleiches Gesicht wie der Böse Läufer
3. Der Skelettpanzer ähnelt Rippen.
4. Einfaches schräges Element statt Beine

Als Figur des Castle Schach-Sets der Fantasy-Ära führt die Böse Königin neben dem Bösen Zauberer eine Skelettarmee gegen den Kronkönig. Sie hat lange Haare auf einem rotäugigen Skelettkopf und einen Panzer mit Schädelmotiv über dem Körper.

Themenwelt
LEGO® Castle

Jahr
2007

Erster Auftritt
Castle Schach-Set (852001)

Selten 

HEXENWECHSEL

Das Castle Riesenschach (Set 852293) löste die Böse Königin durch eine Böse Hexe ab, die es auch im Castle Advents-kalender von 2008 (Set 7979) gab – die Böse Königin ist also seltener!

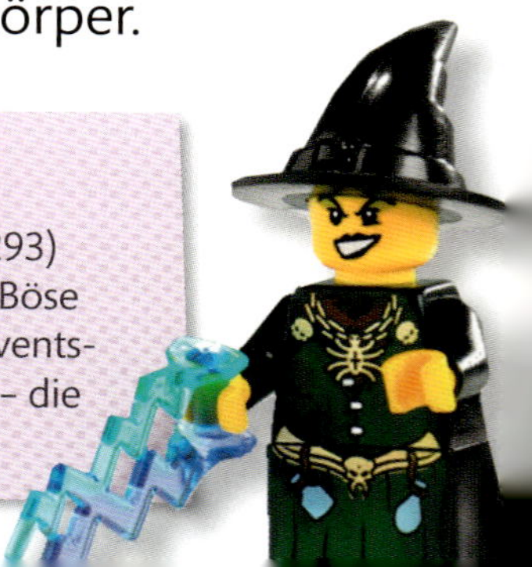

MINI DATEN

Themenwelt
LEGO® *The Lord of the Rings*™

Jahr
2013

Erster Auftritt
Die Schlacht am Schwarzen Tor (79007)

Selten

Saurons Bote hat ein Kopfelement, das mit runzliger Haut und einem großen Mund voll spitzer Zähne bedruckt ist, aber ohne Augen. Sein Helm ist so exklusiv wie die Bedruckung von Kopf, Beinen und Körper.

MUND VON SAURON

SAURON DER GROSSE HEISST DICH WILLKOMMEN!

1 Der exklusive Helm ähnelt der Mordor-Architektur.

2 Kopf mit blitzenden Zähnen bedruckt, aber ohne Augen

3 Den schwarzen Umhang tragen auch Darth Vader und Harry Potter.

MORDOR ORKS
Mit dem Mund von Sauron erscheinen in Schlacht am Schwarzen Tor zwei Mordor Orks, einer mit brauner und einer mit grüner Haut.

Diese gruselige Minifigur verursacht eine Gänsehaut! Als Variante der Skeleton Drone, die 2002 im LEGO Alpha Team erschien, hat die Super Ice Drone ein exklusives schwarzes Schädelelement mit weißer Bedruckung und roten Augen. Die Uniform zeigt einen silbern umrandeten Skarabäus mit Kreuz.

Themenwelt
LEGO® Alpha Team

Jahr
2005

Erster Auftritt
Eiskugelskorpion (4774)

Selten

SUPER ICE DRONE

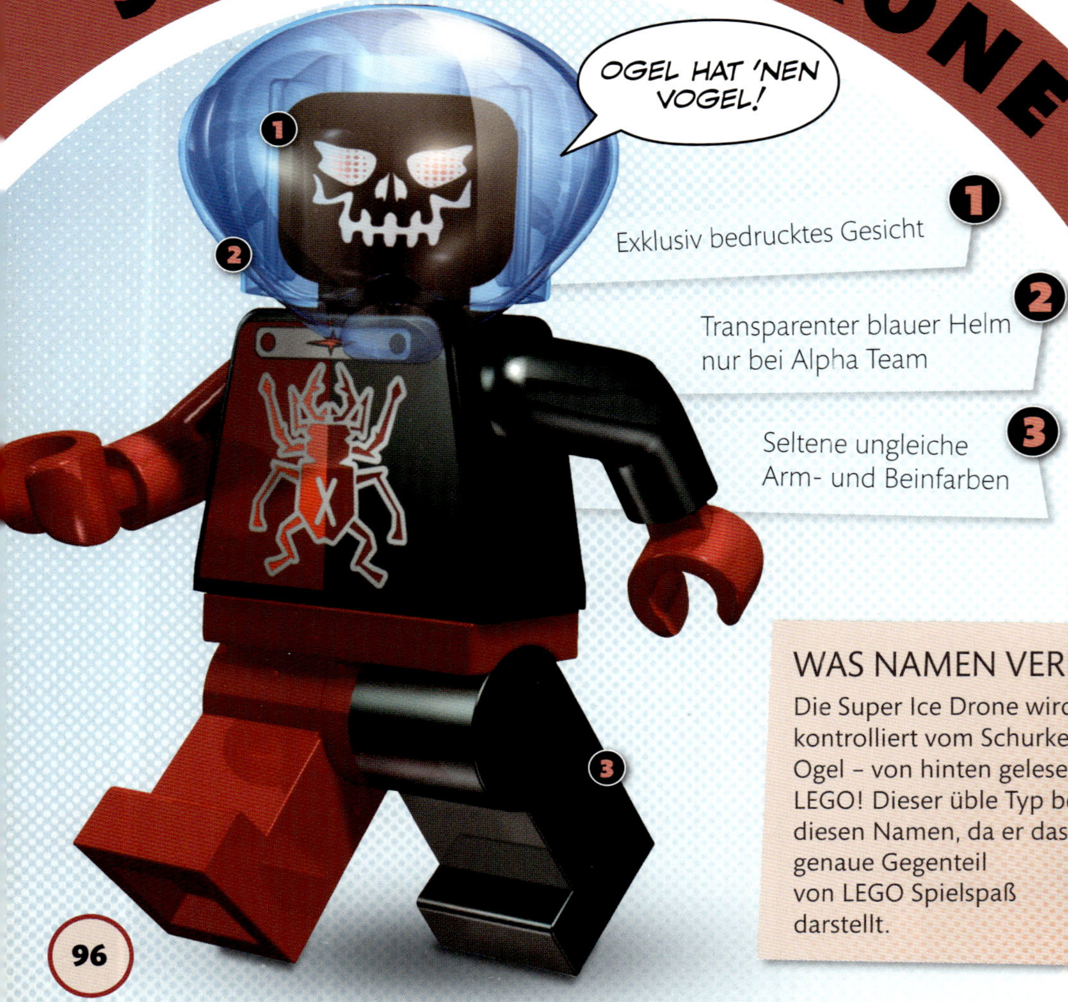

OGEL HAT 'NEN VOGEL!

1 Exklusiv bedrucktes Gesicht

2 Transparenter blauer Helm nur bei Alpha Team

3 Seltene ungleiche Arm- und Beinfarben

WAS NAMEN VERRATEN

Die Super Ice Drone wird kontrolliert vom Schurken Ogel – von hinten gelesen LEGO! Dieser üble Typ bekam diesen Namen, da er das genaue Gegenteil von LEGO Spielspaß darstellt.

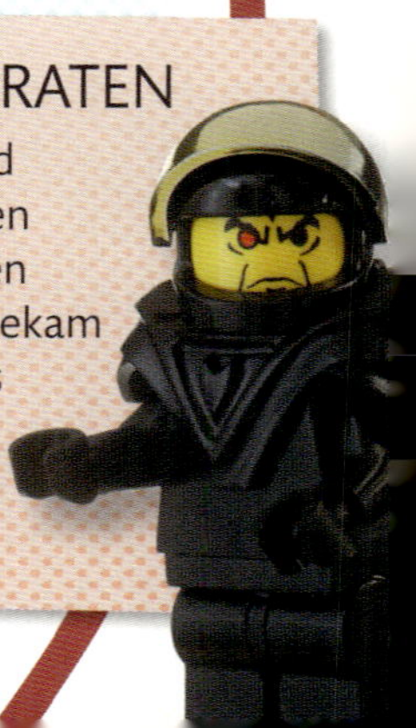

SECHSTES KAPITEL

DIE WELT ALS BÜHNE

HEREINSPAZIERT! HEREINSPAZIERT! STAUNE ÜBER DIE SHOWTALENTE UND UNTERHALTER DER LEGO WELT!

SCHLANGENBESCHWÖRER

ZISCH DOCH AB!

LEGO SCHLANGEN
Die Kobra des Schlangenbeschwörers ist bislang die dritte LEGO Schlange.

1 Neues Turbanelement

2 Exklusiver Gesichtsaufdruck mit Schnurrbart

3 Die langen Hemdschöße sind aufgedruckt.

4 Neues Schlangenaccessoire

Themenwelt
LEGO® Minifigures

Jahr
2015

Erster Auftritt
LEGO Minifigures Serie 13

Selten

Diese sammelbare Minifigur ist mit dem Turban und dem gewachsten Schnurrbart ein traditioneller Schlangenbeschwörer. Er hat eine „Pungi-Flöte" – und eine Gummikobra!

SCHLÄNGELNDE SCHLANGEN
Die Schlangenbeschwörer-Mumie aus LEGO® Pharaoh's Quest ist eine weitere Minifigur, die Schlangen beschwört. Leider tut dieser bandagierte Schurke nur Böses!

MINI DATEN

Themenwelt
LEGO® *Indiana Jones*™

Jahr
2009

Erster Auftritt
Shanghai Chase (7682)

Selten 

Die Nachtclubsängerin Willie Scott trägt ein glamouröses Outfit, als sie in ein Abenteuer mit Indiana Jones gerät. Das schöne Kleid ist im Kampf gegen Schurken nicht praktisch – kein Wunder, dass Willies doppelseitiger Kopf hinten ziemlich verängstigt wirkt!

WILLIE SCOTT

1. Die Krone steckt im exklusiven Haarelement.
2. Doppelseitiges Gesicht – lächelnd oder ängstlich!
3. Diamantaccessoire
4. Das exklusive Paillettenkleid ist auf Körper und Beine gedruckt.

MEINE MINE!

Der Tempel des Todes (Set 7199) enthält Willie mit anderen Haaren und Druckmotiven – ungeeignet für die Fahrt in einem Stollenwagen!

KOSMISCHER CLUB

Willie begegnet Indy im Club Obi Wan – benannt nach Obi-Wan Kenobi aus *Star Wars*!

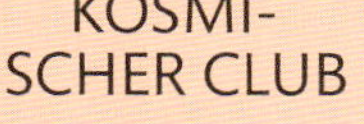

Die fröhliche Hula-Tänzerin aus der LEGO Minifigures Serie 3 hat ein schwarzes Haarteil mit aufgedruckter Blume. Ein neuer Grasrock bedeckt ihre grünen Hüften und auf ihre Beine ist ein grüner Slip gedruckt. Die Rettungsschwimmerin aus Serie 2 trägt ihn in Rot.

MEHR RASSELN

Lindgrüne Rasseln enthält auch Arielles Unterwasserschloss (Set 41 063), das 2015 erschien.

Themenwelt
LEGO® Minifigures

Jahre
2011–2012

Erster Auftritt
LEGO Minifigures Serie 3

Selten 

HULA-TÄNZERIN

ALOHA, ALLE ZUSAMMEN!

1 Aufs Haar gedruckte Blume

2 Neu: Maraca-Rassel

3 Exklusiver „Grasrock"

4 Unter dem Rock aufgedruckter grüner Slip

STRANDPARTY

Die Hula-Tänzerin war auch im Minifiguren-Zubehör-Pack (Set 850 449) enthalten, samt zwei Surfern und einem Strandgrillplatz.

BLUME IM HAAR

HE, ZUSAMMEN! TESTET MEINE NINJA-FÄHIG-KEITEN!

1 Die Kopfbindenklemme hält hinten die Katanaklinge.

2 Die exklusive Bedruckung stellt Jays Blitzkraft dar.

3 Auf dem Rücken steht Jays Name in Gold.

2-DX
Jay DX ist in nur zwei Sets enthalten: Skelett Bowling und Drache des Blitzes (2521).

JAY DX

Die DX-Variante des LEGO NINJAGO Ninjas des Blitzes hat die Kopfbinde und das Gesicht der Originalminifigur Jay, aber coole neue Körper- und Beinbedruckung. DX steht für Drache eXtrem, das Design stellt daher einen Blitze speienden Drachen dar.

MINI DATEN

Themenwelt
LEGO® NINJAGO™

Jahr
2011

Erster Auftritt
Skelett Bowling (2519)

Selten

PURE ENERGIE

In der Minifigur NRG Jay ist der NINJAGO Held in pure Blitzenergie verwandelt. Wie ein Blitz aus heiterem Himmel!

WAHRSAGERIN

BEZAHL MICH MIT SILBERNOPPEN.

1 Haar, lila Kopftuch und Goldperlen sind ein Element.

2 Die Tarotkarte Turm ist auf einer 1x2-Kachel.

3 Dunkelrotes schräges Element mit Detaildruck

LAUTER EXKLUSIVE TEILE

Jedes Element, aus dem die Wahrsagerin besteht, gibt es nur bei dieser Minifigur: vom bedruckten Körper und dem schrägen Rock bis zum Haarteil mit lila Kopftuch und Goldperlen – und natürlich ihre zwei Tarotkarten nicht zu vergessen. Ihre heitere Miene verrät, dass sie gleich eine kühne Vorhersage machen wird …

Themenwelt
LEGO® Minifigures

Jahr
2013

Erster Auftritt
LEGO Minifigures Serie 9

Selten

NICHT NUR SCHWARZMALEREI

Die Wahrsagerin hat nicht nur die Turmkarte, die vor drohendem Unheil warnt, sondern auch die Sonnenkarte, die Glück verheißt.

Jahrelang gab es keine Minifiguren mit gelbem Haar, da Gelb schon die Farbe ihres Gesichts war. Eine hellere Farbe, „kühles Gelb" genannt, wurde 1999 eingeführt und bei einer ganzen Reihe blonder Minifiguren verwendet – doch nur bei wenigen wirkt es so zeitlos schön wie beim Hollywoodstar!

MINI DATEN

Themenwelt
LEGO® Minifigures

Jahr
2013

Erster Auftritt
LEGO Minifigures Serie 9

Selten

UND DER PREIS FÜR ...

Der Hollywoodstar war die vierte sammelbare Minifigur mit einer Trophäe, die wie die Minifigur des Karatemeisters, Sumoringers und Fußballspielers geformt war.

HOLLYWOODSTAR

1 Neues blondes Haarelement

2 Goldfarbene Minifiguren-Trophäe

3 Exklusiv bedruckt

4 Schräges Element als bodenlanges Kleid

ÄHN-LICHKEIT

Der Hollywoodstar sieht dem legendären Filmstar Marilyn Monroe zum Verwechseln ähnlich.

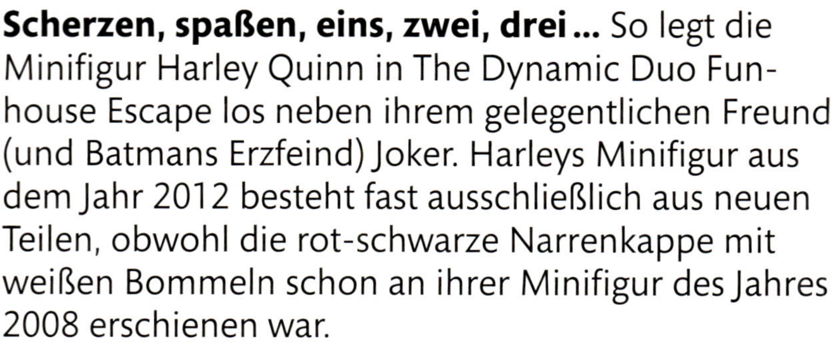

Scherzen, spaßen, eins, zwei, drei … So legt die Minifigur Harley Quinn in The Dynamic Duo Funhouse Escape los neben ihrem gelegentlichen Freund (und Batmans Erzfeind) Joker. Harleys Minifigur aus dem Jahr 2012 besteht fast ausschließlich aus neuen Teilen, obwohl die rot-schwarze Narrenkappe mit weißen Bommeln schon an ihrer Minifigur des Jahres 2008 erschienen war.

MINI DATEN

Themenwelt
LEGO® DC Comics™ Super Heroes

Jahr
2012

Erster Auftritt
The Dynamic Duo Funhouse Escape (6857)

Selten 

HARLEY QUINN

SPASS FÜR DIE BÖSEN!

1 Diese Narrenkappe trägt nur Harley.

2 Jeweils verschiedene Arme, Hände und Beine

3 Der Karoaufdruck ist größer als bei der Variante von 2008.

NICHT VIEL BESSERE HÄLFTE

Harley Quinns Alter Ego Dr. Harleen Quinzel erschien 2013 in Arkham Asylum Breakout (Set 10 937).

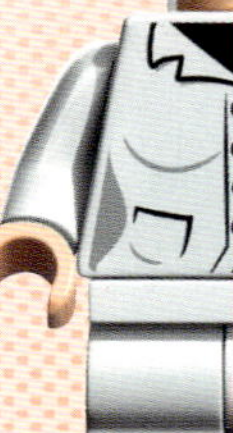

HÜHNCHEN-KOSTÜM-TRÄGER

1 Exklusives Hühnchen-kopfelement

2 Das Minifigurengesicht ist durch die Maske zu sehen.

3 Exklusiv geformte Flügel als Arme

WIE EIN EI DEM ANDEREN

Körper und Flügel sehen vorn und hinten vollkommen gleich aus.

WILD AUF TIERE!

Der Hühnchen-Kostüm-Träger ist die vierte sammelbare Minifigur im Tierkostüm, nach Gorilla-Mann, Eidechsen-Mann und Mann im Hasenkostüm.

Das neue Hutelement des Hühnchen-Kostüm-Trägers – samt Schnabel, Kamm und Kehllappen – ist nicht das einzige Element, das es noch nie gab, bevor er schlüpfte. Seine flügelförmigen Arme sind ebenfalls brandneu und exklusiv.

MINI DATEN

Themenwelt
LEGO® Minifigures

Jahr
2013

Erster Auftritt
LEGO Minifigures Serie 9

Selten

EISKUNSTLÄUFERIN

SPORT-STAR

EIS-KOLLEGEN

Der Eishockeyspieler (ebenfalls in Serie 4) trägt die gleichen Schlittschuhe.

1 Blondes Haar mit glamourösem Schwung

2 Exklusives Gesicht mit Sternen um die Augen

3 Exklusiver Stoffrock

4 Trikot unter dem Rock

Mit ihrem gewinnenden Lächeln, ihrer Siegerhaltung und ihrer neuen blonden Haarpracht macht die Eiskunstläuferin großen Eindruck. Sie hat einen schicken Stoffrock sowie einen blauen und einen gelben Arm am eleganten schulterfreien Oberteil.

Themenwelt
LEGO® Minifigures

Jahr
2011

Erster Auftritt
LEGO Minifigures Serie 4

Selten 

COOLES KLEID

Wie bei der Geisha, der Steinzeitfrau und vielen anderen ist der Körper der Eiskunstläuferin vorn und hinten bedruckt. Ihre neue Frisur tragen auch die Fee und die Flamencotänzerin.

MINI DATEN

Themenwelt
LEGO® DC Comics™ Super Heroes

Jahr
2014

Erster Auftritt
The Tumbler (76 023)

Selten

Der Filmfigur in *The Dark Knight* nachempfunden, erscheint diese Variante von Batmans Erzfeind nur in einem Set. Er hat wirrere Haare als andere Joker-Minifiguren, ein blasses Gesicht und einen harten Mund unterm falschen Grinsen.

DARK KNIGHT SCHURKE

DER JOKER

1 Das Haarelement trägt in Braun auch Anakin Skywalkers Minifigur.

2 Ernste Miene – andere Joker-Varianten grinsen

3 Grüne Krawatte statt üblichem Joker-Halstuch

4 Mantelbedruckung auch auf den Beinen

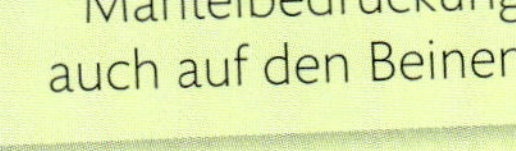

SO VIELE JOKER!

Es gibt auch LEGO® DUPLO® und Mikrofiguren-Versionen des Jokers sowie mehrere Minifiguren-Varianten wie diesen Asylum Inmate in oranger Gefängniskleidung.

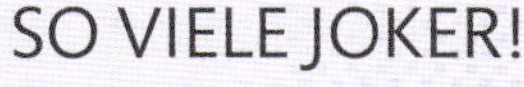

ZAUBERER

In seinem mit Monden und Sternen verzierten Gewand wirkt der Zauberer wie ein geheimnisvoller Hexenmeister. Er ist eine von drei sammelbaren Minifiguren aus zehn Teilen – neben dem Eishockeyspieler und der Braut.

MAGISCHER NEUER HUT!

Themenwelt
LEGO® Minifigures

Jahr
2014

Erster Auftritt
LEGO Minifigures Serie 12

Selten

DAS IST KEIN KLEID!

Der Zauberer hat als erster Mann in der Minifigures-Serie ein schräges Element statt normaler Beine.

1. Neuer spitzer Hut mit Metallic-Bedruckung
2. Dreiteiliger Stab aus Teleskop und Schmuckelementen
3. Stoffumhang und -kragen sind zwei Teile.
4. Das Bartelement passt um den Hals.

HAARIGE MAGIE

Diesen Bart kennen wir schon – nämlich von Gandalf dem Grauen aus der Themenwelt *The Lord of the Rings*™ von 2012. Unter Zauberern ist er wohl der letzte Schrei!

„WO IST MEINE HOSE?"-MANN

1. Grins – er sieht froh aus, obwohl er seine Hose verloren hat!
2. Ein Ersatzpaar weißer Beine als Hose – verliere sie nur nicht gleich wieder!
3. Nackte Beine mit weißer Unterhose

ERSATZ-BEIN-PAAR

MINI DATEN

Themenwelt
THE LEGO® MOVIE™

Jahr
2014

Erster Auftritt
LEGO Minifigures THE LEGO MOVIE Serie

„Wo ist meine Hose?" In deiner Hand, Mann! Die erste Minifigur mit zwei Beinpaaren hat auch eine exklusive Hawaiihemd-Bedruckung – perfekt für so einen herausragenden Charakter.

HAAR ROCKT!
Diese Minifigur hat das gleiche Haarelement wie Frank Rock aus LEGO® Monster Fighters und der Mechaniker aus der LEGO® Minifigures Serie 6, beide von 2012.

STUNTMAN

HELM UND HAAR!

ICH LIEBE GEFAHR!

1 Cooles Haarelement

2 Das tollkühne Gesicht ist mit erhobener Augenbraue und Grinsen bedruckt.

3 „MF" auf dem Gürtel steht für Minifigur – oder LEGO Designer Michael Fuller

4 Den Helm kann er statt der Haare tragen.

HAAR ODER HELM?

Noch zwei andere Minifiguren haben Helm- und Haarelemente: die Intergalaktische Heldin und der Rennfahrer.

Der Stuntman ist durchgestylt, wie seine Frisur, sein Schnurrbart und sein rot-weiß-blauer Overall beweisen. Sein Kopf hat zwei Gesichter: ein großspuriges und ein beunruhigtes, das viel besser passt …

Themenwelt
LEGO® Minifigures

Jahr
2012

Erster Auftritt
LEGO Minifigures Serie 7

Selten 

SIEBTES KAPITEL

EINZIGARTIG

MANCHE MINIFIGUREN SIND EIN BISSCHEN ANDERS. SIE RAGEN WIRKLICH AUS DER MASSE HERVOR!

Zwerge essen gern und diese kurzbeinige Minifigur aus der Themenwelt LEGO® *The Hobbit*™ hat ein Spezialelement, das sein Haar, seinen Bart und seinen runden Bauch kombiniert. Mit diesem sogenannten „Sandwichbrett“ wirkt Bombur wirklich sehr gut genährt!

ZWERGENSCHAR

Alle Zwerge, die das Königreich Erebor zurückerobern wollen, gibt es als Minifiguren. Sie treten in acht verschiedenen LEGO *The Hobbit* Sets auf.

EXTRA BAUCH-TEIL

BOMBUR DER ZWERG

WAS GIBT'S ZU ESSEN?

1 Zweiseitig bedrucktes Gesicht

2 Unter Bomburs Bart sind die Kuttenstiche auf dem Körper wiederholt.

3 Kurze Beine

STEH-IMBISS

Bomburs Beine sind unbeweglich – im Set Eine unerwartete Zusammenkunft isst er im Stehen.

MINI DATEN

Themenwelt LEGO® *The Hobbit*™

Jahr 2012

Erster Auftritt Eine unerwartete Zusammenkunft (79 003)

Selten 

HOTDOGVERKÄUFER

ICH ARBEITE MIT GENUSS!

1 Das „Sandwichbrett"-Element ist wie ein Hotdog geformt.

2 Frohe Miene … Lecker, Hotdogs!

3 Beiger Körper passt zur Brötchenfarbe.

„Beim ersten Entwurf gab es keinen Senf, doch die Endversion hat die richtige Menge Zickzacksauce!"
GITTE THORSEN, LEGO MEISTERDESIGNERIN

Noch nie gab es eine Minifigur wie diesen Charakter! Das detailreiche Hotdog-Outfit ist aus einem Stück und passt über den Kopf wie jeder andere Kopfschmuck. Vielleicht verkauft er Hotdogs – oder er mag sie einfach!

HOTDOGS! HEISSE HOTDOGS!

Den 2013 erschienenen LEGO® Creator Hot Dog Stand (Set 40 078) gab es gratis für VIP-Mitglieder von LEGO.com. Das Set enthielt auch einen Hotdog-Koch.

Themenwelt
LEGO® Minifigures

Jahr
2015

Erster Auftritt
LEGO Minifigures Serie 13

Selten

MINI DATEN

Themenwelt
–

Jahr
2000

Erster Auftritt
Für Teilnehmer der FIRST® LEGO® League

Selten

Diese seltene Minifigur gab es im Rahmen der FIRST LEGO Bildungsinitiative, die Kinder durch Spielen weiterbilden wollte. Der zu Beginn des neuen Jahrtausends erschienene Spieler hat kein Haarelement, doch die fehlenden Locken macht er durch eine coole Sonnenbrille mehr als wett.

ZU DEN STERNEN!

2006 sollten FIRST LEGO League Gruppen die Nanotechnik mit Nano Quest (Set 9763) erforschen. Es enthielt zwei Astronauten-Minifiguren mit dem Körperelement, das zuerst Hikaru aus LEGO® EXO-FORCE™ hatte.

Schatzsucher aufgepasst! Ihr habt Glück, wenn ihr Mr. Gold unter euren Minifiguren findet. Sein Gesicht, sein Körper, sein Beinelement und sein Hut sind goldfarben. Die einzigen Teile ohne glitzernden Goldchromüberzug sind seine weiß behandschuhten Hände!

5000 FÜR 10

Eigens für die 10. Serie sammelbarer Minifiguren wurde Mr. Gold nur 5000 Mal produziert. Niemand weiß, ob alle Figuren schon gefunden wurden. Hast du eine in deiner Sammlung?

GLOBE-TROTTER

Wer Mr. Gold 2013 fand, sollte seinen Standort auf LEGO.com eingeben, damit bekannt wurde, wo er auftauchte!

MR. GOLD

DAS IST DEIN GLÜCKSTAG!

1 Keine andere Minifigur hat einen Goldzylinder!

2 Exklusive freudige „Goldmiene"

3 Hände können goldenen Spazierstock halten.

DATEN

Themenwelt
LEGO® Minifigures

Jahr
2013

Erster Auftritt
LEGO Minifigures Serie 10

Seltenheit 

ECHT GOLDIG

Die einfache Squaw hat als einziges Mitglied ihres Stammes keine Gesichtsbemahlung. Sie und die anderen LEGO Western Stammesangehörigen führten nie zuvor erblickten Federkopfschmuck und das schwarze Haarteil mit Zöpfen ein.

Themenwelt
LEGO® Western

Jahre
1997, 2002

Erster Auftritt
Häuptlings Tipi (6746)

EINFACHE SQUAW

ICH KOMME PFEILGERADE IN DIESES BUCH!

ZIELSICHER
Über 70 Minifiguren haben einen Köcher voller Pfeile.

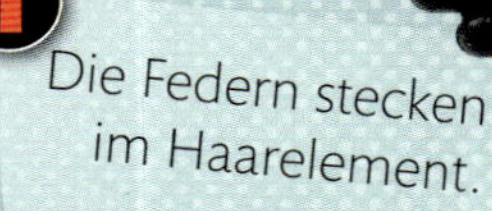

1 Die Federn stecken im Haarelement.

2 LEGO Western Minifiguren mit Nase sind selten.

3 Exklusive Bedruckung

NEUER INDIANER
Der Medizinmann hat die gleichen Beine wie die Squaw, aber einen neuen Büffelkopfschmuck.

BRAWNY BOXER

1 Gleicher Kopfschutz wie der Boxer in Serie 5

2 Selbstbewusstes Grinsen enthüllt den Zahnschutz.

3 Abnehmbare Medaille

4 Boxhandschuhe statt Standardhände

Themenwelt
LEGO® Minifigures

Jahr
2012

Erster Auftritt
LEGO Minifigures Team GB Serie

Selten

Produziert für die Olympiade in London 2012, gehörte der Brawny Boxer dem Minifiguren-Unterthema Team GB an, das es nur in England und Irland gab. Kopfschutz und Körper sind exklusiv bedruckt, beide auch mit dem Löwenkopflogo des Team GB.

CHNELLER, ÖHER, TÄRKER

cht andere portarten betrieben ie Team GB Miniguren: Judo, Turen, Tennis, Reiten, chwimmen, Bogenchießen, Gewichteben und Staffellauf.

DE BOUWSTEEN-MANN

NUR FÜR HOLLAND

HALLO!

1 Der Rücken ist mit LEGO Logo bedruckt.

2 De Bouwsteen Logo: ein fröhlicher Baumeister

3 Dunkelblaue Hände

HOLLÄNDISCH De Bouwsteen heißt auf Holländisch „Baustein“.

De Bouwsteen ist der LEGO Fanclub der Niederlande – der größte LEGO Fanclub der Welt! Seit 2001 veranstalten die Niederlande alljährlich das Fanevent „LEGO World“ und für das Event 2005 wurden 1000 spezielle De Bouwsteen Minifiguren produziert, jede mit eigenem Zertifikat.

Themenwelt
–

Jahr
2005

Erster Auftritt
Speziell für das Fanevent LEGO® World produziert

Selten

MODELL 2008

2008 gab es eine weitere De Bouwsteen Minifigur sie trägt ein rotes Hemd und rote Haarlocken, die unter einer Schirmmütze hervorlugen. Die 750 Exemplare sind sehr gesucht.

MINI DATEN

Themenwelt
LEGO® NINJAGO™

Jahr
2014

Erster Auftritt
NinjaCopter (70724)

Selten

Primary Interactive X-ternal Assistant Life-form, kurz Pixal, wurde als Robotergehilfin für einen bösen Erfinder in der Welt von LEGO NINJAGO geschaffen, wechselte aber bald als Helferin zu den tapferen Ninjas. Sie erschien 2014 in nur einem Set.

RARE ROBOTERIN

PIXAL

1 Das graue Haarelement ist in der LEGO NINJAGO TV-Show silbern.

2 Zweiseitig bedrucktes Gesicht – hinten mit bösen roten Augen

3 Exklusive Bedruckung

GIFTIGE FEINDIN!

Toxikita, die Schurkin aus LEGO® Ultra Agents, hat das gleiche Haarelement wie Pixal, aber in Grün.

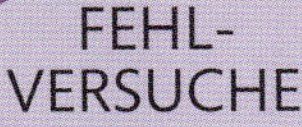

FEHLVERSUCHE

In der LEGO NINJAGO TV-Show schuf Erfinder Cyrus Borg 15 Pixal-Prototypen vor dieser – alles Fehlversuche!

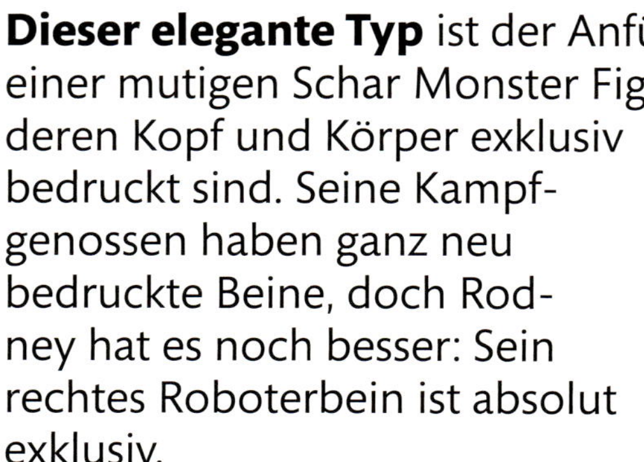

Dieser elegante Typ ist der Anführer einer mutigen Schar Monster Fighters, deren Kopf und Körper exklusiv bedruckt sind. Seine Kampfgenossen haben ganz neu bedruckte Beine, doch Rodney hat es noch besser: Sein rechtes Roboterbein ist absolut exklusiv.

EXKLUSIVES ROBOTER-BEIN!

MINI DATEN

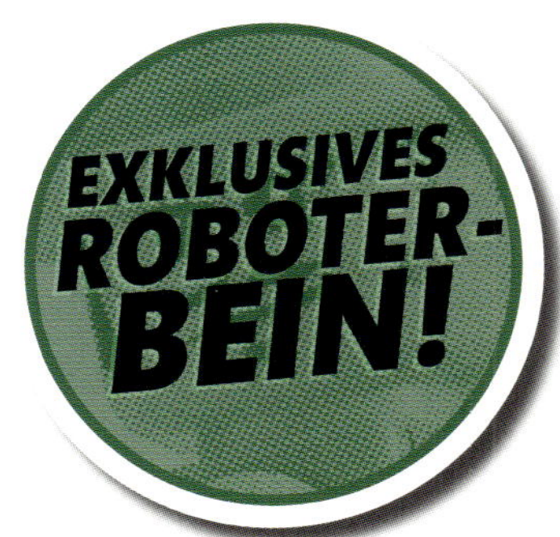

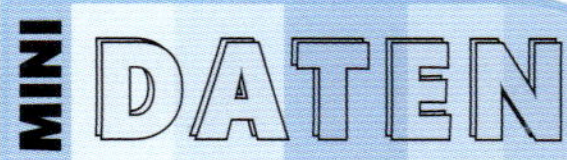

Themenwelt
LEGO® Monster Fighters

Jahr
2012

Erster Auftritt
Fahrende Vampirgruft (9464)

Selten

DR. RODNEY RATHBONE

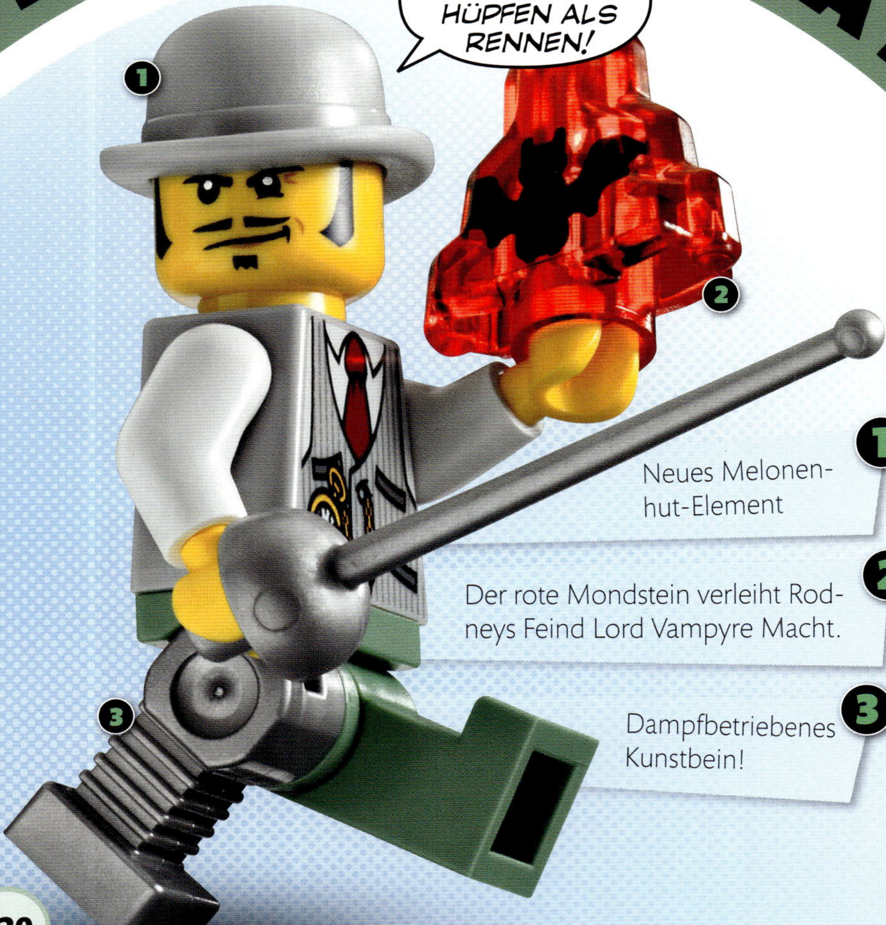

ICH KANN SCHNELLER HÜPFEN ALS RENNEN!

1 Neues Melonenhut-Element

2 Der rote Mondstein verleiht Rodneys Feind Lord Vampyre Macht.

3 Dampfbetriebenes Kunstbein!

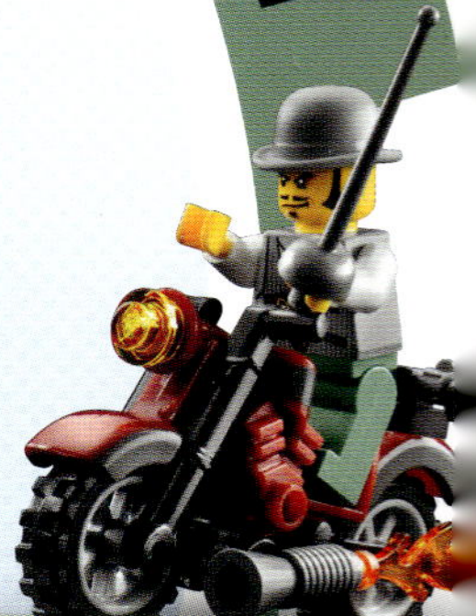

FEUERSTUHL

Rodney verfolgt die Vampirgruft auf einem feuerroten Motorrad.

UHRWERKROBOTER

1 Die kubische Kopfform hat auch die Roboterdame aus der Minifigures Serie 11.

2 Ein Aufziehschlüssel steckt in der Halsklemme.

3 Aufgedruckte Details: Nieten und Zehenkappen

KÖPFE
Die Minifigures Serie 6 führte drei neue Kopfformen ein: für den Uhrwerkroboter, den Außerirdischen und den Minotaurus.

Wie tickt eine Minifigur? Hier dank dem Schlüssel im Rücken! Dieses seltene Element steckt in einer Halsklemme mittels einer Seitennoppe. Das kubische Kopfelement hat einen Mund voll blinkender Lampen und leuchtend blaue Augen, passend zur Körperbedruckung.

Themenwelt
LEGO® Minifigures

Jahr
2012

Erster Auftritt
LEGO Minifigures Serie 6

Selten

SILBERSTREIF
Vorgänger des Uhrwerkroboters war der Roboter aus der Minifigures Serie 1, die 2010 erschien. Er hat zwei Antennen und einen Werkzeugarm.

KLADNO-MANN

ICH BIN AUS TSCHECHIEN.

1 Das Haar tragen einige Weasleys in Harry Potter Sets.

2 Das Körperdesign feiert die Steinverziererfirma in Kladno.

3 Der Rücken zeigt das LEGO® Logo und das Wort „Kladno".

NUR 2000 STÜCK

PRODUKTIV
Die Firma in Kladno produziert bis zu 16 000 Minifiguren pro Stunde!

MINI

Themenwelt
–

Jahr
2014

Erster Auftritt
–

Selten

Kladno ist eine Stadt in Tschechien und Sitz einer Produktionsfirma der LEGO Gruppe. 2013 entwarfen ihre Mitarbeiter eine Minifigur und zu Weihnachten bekamen die Fabrikarbeiter diesen fröhlichen Burschen geschenkt.

FIRMENMODELL
Als die Firma in Kladno 2012 errichtet war, produzierte die LEGO Gruppe ein LEGO Modell der Anlage und schenkte es den Mitarbeitern.

Themenwelt
LEGO® *Star Wars*®

Jahr
2013

Erster Auftritt
Homing Spider Droid (75016)

Die tolothianische Jedi-Meisterin Stass Allie ist die erste ihrer Art als Minifigur. Sie erscheint in nur einem LEGO *Star Wars* Set und trägt einen exklusiven Tholoth-Kopfschmuck mit fleischigen Locken.

STASS ALLIE

1. Der Kopfschmuck ist aus Gummi.
2. Exklusive Jedi-Roben-Bedruckung auch hinten
3. Lichtschwertklinge dient in LEGO® The Simpsons™ Sets als Uranstab.

KOPFSCHMUCK

Stass Allie ist nicht die einzige LEGO *Star Wars* Minifigur mit kunstvollem Kopfschmuck. Ahsoka Tano ist eine von zwei Minifiguren mit Togruta-Kopfschwänzen, den *Lekku*.

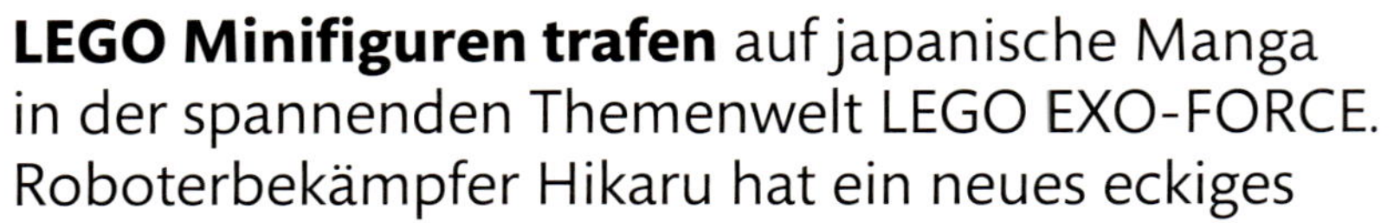

LEGO Minifiguren trafen auf japanische Manga in der spannenden Themenwelt LEGO EXO-FORCE. Roboterbekämpfer Hikaru hat ein neues eckiges Haarelement aus Gummi und einen zweiseitigen Kopf mit ernster und zorniger Miene. Auf beide Gesichter ist ein oranges Visier gedruckt.

EIN HELD WIE IM MANGA!

Themenwelt
LEGO® EXO-FORCE™

Jahr
2006

Erster Auftritt
Glider (5966)

HIKARU

ZERZAUS' MEIN HAAR NICHT!

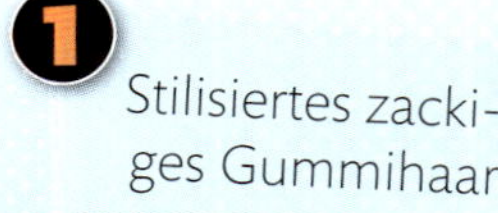

1. Stilisiertes zackiges Gummihaar
2. Oranges Visier auf den Kopf gedruckt
3. Mangamerkmale sind auf beide Kopfseiten gedruckt.

KOSTÜMWECHSEL

Eine Hikaru-Variante im blauen Anzug enthielt 2007 Sky Guardian (Set 8103). Einen weißen Anzug trug er 2008 in Chameleon Hunter (Set 8114).

LEUCHTSTEINE

2006 enthielt jedes LEGO EXO-FORCE Set einen sogenannten Leuchtstein.

FINDE MICH IM NETZ!

NEUGEBOOTETER CYBORG SCHURKE

SPYCLOPS

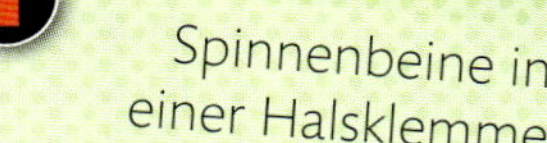

1 Spinnenbeine in einer Halsklemme

2 Schockgesicht, teils spinnenartig

3 Nur ein Arm ist silbermetallic.

4 Exklusives Muster an ungleichen Beinen

LEGO SAGE

Spyclops ist nach dem Zyklopen benannt, einem einäugigen Sagen-ungeheuer.

Aufgepasst, Ultra Agenten! Diese bedrohliche Minifigur ist Mensch, Maschine und Spinne zugleich! Spyclops hat furchtbare Fangzähne und zwei schreckliche Spinnenbeine auf dem Rücken!

ALLE BEINE

Ein ähnlicher Charakter namens Spy Clops erschien 2008 in der Themenwelt LEGO® Agents. Er hat vier Augen und sein Körper sitzt auf sechs Spinnenbeinen!

Themenwelt
LEGO® Ultra Agents

Jahr
2015

Erster Auftritt
Spyclops-Infiltration (70166)

Selten

IDEA HOUSE MANN

1 Klassische Schirmmütze und Originalgesichtsausdruck

2 Er lächelt, da er weiß, er ist was Besonderes!

3 LEGO Logo und Internetseite auf dem Rücken

MINI DATEN

Themenwelt
–

Jahr
2011

Erster Auftritt
Geschenk für Mitarbeiter und VIP-Besucher des LEGO Idea House

Selten 

Die Idea House Minifigur gibt es nur im LEGO® Idea House in der Zentrale der LEGO Gruppe im dänischen Billund. Zu diesem Bereich haben nur LEGO Mitarbeiter und ihre VIP-Gäste Zugang – man muss schon etwas ganz Besonderes sein, um eine zu bekommen.

KREATIVER RAUM

2016 eröffnet die LEGO Gruppe ein neues LEGO Haus, ein „Erlebniszentrum“, in dem Besucher mehr über die Firma erfahren und ihre Kreativität durch Spielen mit LEGO testen können.

Themenwelt
LEGO® Space

Jahr
2009

Erster Auftritt
Squid's Flucht (5969)

Selten 

Obwohl er sich König der Squids nennt, ist dieser Alienbandit der einzige LEGO Squid! Erstmals brach er 2009 als Teil des Unterthemas Space Police III aus. Seine roten Glupschaugen, seine Fangzähne und seine lange Zunge machen ihn zu einem bei Sammlern begehrten Schurken!

KRAKEN-KERL

SQUID

WAS GLOTZT DU?

1 Ungewöhnlicher Kopf

2 Das rote Cape trägt auch die Superman Minifigur.

3 Banknote als Zubehör. Haltet ihn!

„Squid verdanke ich meinen Job bei LEGO! Ich schuf ihn 2005 in einer Mietwerkstatt in London. Für den Kopf nahm ich ein LEGO® TECHNIC Teil. Später hatte ich Zeit, ihn zu perfektionieren."

TIM AINLEY, LEGO KONZEPTMANAGER

SQUID IM FILM

Squid sorgt ständig für Ärger im LEGO DVD-Film *The Adventures Of Clutch Powers.*

Der klotzköpfige Steve ist der Standardspieler in Minecraft, dem Videospiel ums Bauen. Steve ist bereit, seine Ressourcen gegen die Creeper und die Zombies zu verteidigen. Zum Schutz trägt er Eisenpanzer und Helm und schwingt sein getreues gepixeltes Schwert!

EIN KRAFT-PAKET!

Themenwelt
LEGO® Minecraft™

Jahr
2014

Erster Auftritt
Die Mine (21118)

Selten  

STEVE

1 Der Klotzhelm sitzt ohne Noppen auf dem Klotzkopf.

2 Der braune Klotzkopf ist fleischfarben bedruckt.

3 Der Panzer passt zwischen Kopf und Körper.

4 Gepixeltes Schwert

NACKTE KNOCHEN

Das Skelett im Set Die Mine hat einen LEGO Skelett-Standardkörper und den gleichen Kopf wie Steve. Es ist jedoch weiß, schwarz und grau bedruckt. Das Skelett trägt Pfeil und Bogen.

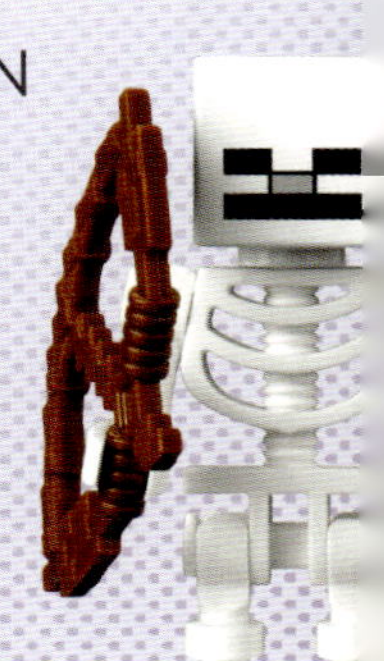

KÖNIGIN AMIDALA

1. Exklusives Haarteil mit Goldschmuck
2. Exklusive Bedruckung
3. Farbe der Hände ist anders als die des Make-ups im Gesicht.
4. Exklusiver Rock mit runder Basis statt Beinen

Themenwelt
LEGO® *Star Wars*®

Jahr
2012

Erster Auftritt
Gungan Sub (9499)

Selten

ZERKRATZT!

Eine weitere Padmé Minifigur enthält das Republic Gunship (Set 75021) von 2013. Sie trägt ein weißes Top mit einem abgerissenen Ärmel und hat Kratzer am Rücken von einer Nexu-Bestie aus der Petranaki-Arena.

Dies ist die erste Minifigur von Padmé Amidala als Königin von Naboo. Es ist eine getreue Reproduktion ihres Outfits in *Star Wars: Episode I Die dunkle Bedrohung*, ausgestattet mit einem speziell geformten Kopfschmuck. Sie steht auf einer Scheibe als Teil ihres Rocks.

FAN-WEEKEND-GIRL

1 Kopf hinten mit dem Grinsen von Benny aus THE LEGO® MOVIE™

2 Die „10" steht für zehn Jahre Fan Weekends.

3 Auf dem Rücken steht „LEGO® Fan Weekend 2014".

4 Der passende Mann hat blaue Beine.

VISITEN-KARTE

Einige Mitarbeiter der LEGO Gruppe haben Minifiguren als Visitenkarte!

LEGO Fan Weekends gibt es seit 2004 im dänischen Skærbæk, wo sich LEGO Fans aus aller Welt treffen und ihre Begeisterung für LEGO Steine und Minifiguren miteinander teilen. Dieses lustige Mädchen war eine der Minifiguren, die zur Feier des zehnten Fan Weekend im September 2014 produziert wurden.

MINI DATEN

Themenwelt
–

Jahr
2014

Erster Auftritt
LEGO Fan Weekend 2014

Selten

FRÜHERE FAN WEEKENDS

Bei der Fan Weekend Minifigur von 2009 sind Details des Events auf den Körper gedruckt. Die Version von 2011 ist ähnlich, hat aber dunkleres Haar und Eventdetails auf dem Rücken.

ACHTES KAPITEL

GANZ WILDE!

BEGIB DICH IN DIE WILDNIS UND BEGEGNE FIGUREN AUS WELTEN MIT TOLLEN TIERISCHEN THEMEN!

General Pythor vom LEGO NINJAGO Anacondrai-Stamm hat statt Beinen ein langes Schlangenschwanzelement. Sowohl dieser wuchtige Schwanz als auch sein schreckliches Kopfelement wurden exklusiv für ihn geschaffen. Er mag der Letzte seines Stammes sein, macht dies aber wett als einzige Schlange mit einer Variante: dem weißen Pythor, der 2015 erschien.

MINI DATEN

Themenwelt
LEGO® NINJAGO™

Jahr
2012

Erster Auftritt
Ultraschall Raider (9449)

Selten

DER LETZTE SEINER ART

PYTHOR

WEIT OFFEN!
Pythor ist der einzige Serpentine-General mit aufgerissenem Maul.

1 Exklusives Kopfelement

2 Exklusiv bedruckt

3 LEGO Teile sind meist aus ABS-Plastik oder Gummi – der Schwanz besteht aus beidem.

GANZ IN WEISS!
Die Variante von 2015 in Mobile Ninja-Basis zeigt Pythor bis auf die lila Markierungen ganz in Weiß (Set 70750).

CRAGGER

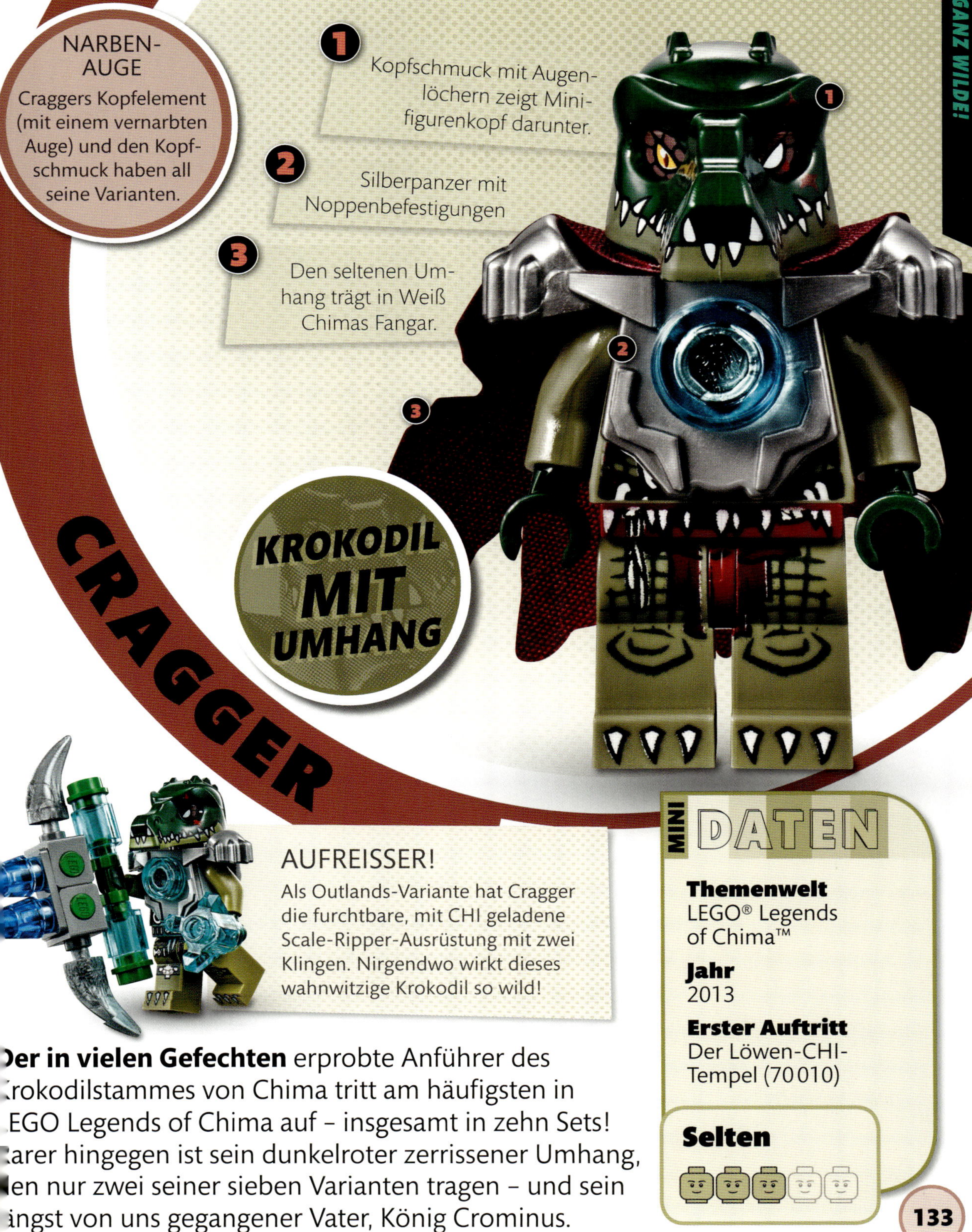

NARBEN-AUGE

Craggers Kopfelement (mit einem vernarbten Auge) und den Kopfschmuck haben all seine Varianten.

1 Kopfschmuck mit Augenlöchern zeigt Minifigurenkopf darunter.

2 Silberpanzer mit Noppenbefestigungen

3 Den seltenen Umhang trägt in Weiß Chimas Fangar.

AUFREISSER!

Als Outlands-Variante hat Cragger die furchtbare, mit CHI geladene Scale-Ripper-Ausrüstung mit zwei Klingen. Nirgendwo wirkt dieses wahnwitzige Krokodil so wild!

Der in vielen Gefechten erprobte Anführer des Krokodilstammes von Chima tritt am häufigsten in LEGO Legends of Chima auf – insgesamt in zehn Sets! Rarer hingegen ist sein dunkelroter zerrissener Umhang, den nur zwei seiner sieben Varianten tragen – und sein längst von uns gegangener Vater, König Crominus.

MINI DATEN

Themenwelt
LEGO® Legends of Chima™

Jahr
2013

Erster Auftritt
Der Löwen-CHI-Tempel (70 010)

Selten

SPINLYN

LASS DICH UMGARNEN …

RIESEN-SPINNEN-LEIB!

1 Rote Spinne ist im Unterleib verborgen.

2 Kopfschmuck mit sechs Augen und Löchern für zwei am Kopf

3 Goldfarbenes Spinnenbild am Körper

4 Riesenspinnenartiger Unterleib mit sechs Gliedern

Themenwelt
LEGO® Legends of Chima™

Jahr
2014

Erster Auftritt
Spinlyns Höhle (70133)

Selten 

Spinlyn, die selbst ernannte Königin des Stammes der Spinnen, ist die einzige Chima Minifigur ohne Standardbeine. Die sechs Beine an ihrem Spinnenleib und die zwei Arme an ihrem Körper ergeben insgesamt acht Glieder und machen sie zu einer der allergrößten Minifiguren.

„Das Meteoritenelement als ihr Unterleib ist echt gut. Du kannst Babyspinnen hineintun!"
ALEXANDRE BOUDON, LEGO MEISTERDESIGNER

Die neue Kopfform dieses Yeti deckt den Körper großteils ab. Alle Elemente zeigen ein helles Königsblau (nur das fluoreszierende Stieleis nicht). Er ist erst die zweite Minifigur in dieser Farbe – die andere ist die Wissenschaftlerin aus der Minifigures Serie 11.

BEWAHRT KÜHLEN KOPF

Themenwelt
LEGO® Minifigures

Jahr
2013

Erster Auftritt
LEGO Minifigures Serie 11

Selten

CLEVERE KREATUR

Der Yeti ist einer der Meisterbauer in THE LEGO® MOVIE™.

YETI

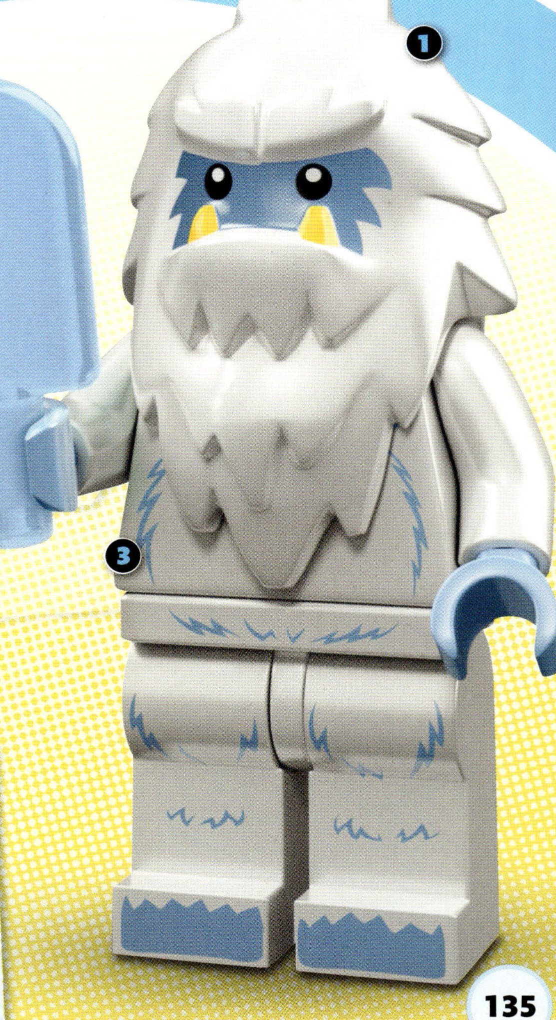

1 Neue Kopfform, verwendet auch für Breezor den Biber in LEGO® Legends of Chima™

2 Das Stieleis gibt es in über 30 LEGO Sets.

3 Hellblaues Muster für Zottelfelleffekt

EISKALTER TYP

Der erste winterliche Charakter in der Minifiguren-Themenwelt war der Skifahrer aus Serie 2. Auf den Pisten ist er leicht erkennbar – jedes Teil an ihm (außer der Mütze) ist exklusiv.

Diese Minifigur erscheint nur in zwei Werbe-Sets und ihre exklusive Hasenmaske passt genau auf einen LEGO Standardkopf. Sie wurde eigens für Quickys erstes Spiel-Set entworfen, in dem sich ein Schauspieler als NESQUIK® Maskottchen für einen Film der Themenwelt LEGO Studios verkleidet. Auch das Körperdesign der Figur ist exklusiv.

MINI DATEN

Themenwelt
LEGO® Studios

Jahr
2001

Erster Auftritt
Film Set With Quicky (4049)

Selten

QUICKY

1 Augenlöcher zeigen Minifigurenkopf unter der Hasenmaske.

2 Gelber Pulli mit einem „N" für NESQUIK

3 Farbe passt zur NESQUIK-Verpackung.

4 Körper, Kopf und Maske exklusiv für diese Minifigur

RENNHASE

In einem dritten Set lugt Quickys Kopf aus einem Rennauto – ohne Minifigurenkörper.

MAULA

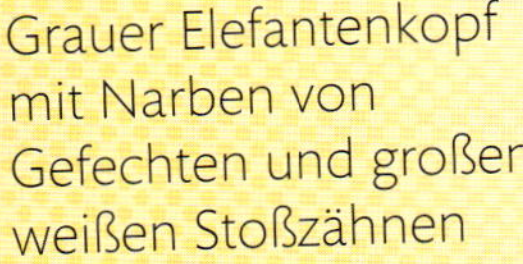

1 Grauer Elefantenkopf mit Narben von Gefechten und großen weißen Stoßzähnen

2 Transparente blaue Brustpanzerplatte

3 Sichtbare Körperbedruckung unter transparenter Platte

4 Ein transparentes blaues und ein graues Bein

„Ich habe lange an Maulas Zöpfen und ihren Körperornamenten gearbeitet."
TORE HARMARK-ALEXANDERSEN, LEGO DESIGNER

Themenwelt
LEGO® Legends of Chima™

Jahr
2014

Erster Auftritt
Maulas Eismammut (70 145)

Selten

Diese Naturgewalt führt den Mammut-Stamm an und ihre Minifigur sieht erwartungsgemäß beeindruckend aus. Maula ist ungewöhnlich, da einige Teile von ihr transparent blau sind – sie wirken wie aus Eis geschnitzt.

GEFRORENE FESTUNG

Maula befehligt nicht nur das Eismammut, sondern führt ihren Stamm auch in der eindrucksvollen, aber eisigen Eisfestung der Mammuts (Set 70 226) an.

MISSES KRATZBAUM

DAS MIAU DER KATZE

1. Rotes Brillengestell und besorgte Miene
2. Körper mit Katzengesicht und Bauchtasche bedruckt
3. Beine und Körper voller Katzenhaare
4. Mit rötlich-brauner Katze als Zubehör

Misses Kratzbaum aus THE LEGO MOVIE ist Emmets in Katzen vernarrte Nachbarin. Sie interessiert sich für alles, was nach Katze aussieht. Zum Glück ist ein Katzengesicht auf ihrem Pulli, sonst wäre sie falsch angezogen!

MINI DATEN

Themenwelt
THE LEGO® MOVIE™

Jahr
2014

Erster Auftritt
LEGO Minifigures THE LEGO MOVIE Serie

Selten

TOLLE GROSSMUTTER

Vielleicht ist Misses Kratzbaum mit der Großmutter aus der LEGO® Minifigures Serie 11 verwandt. Diese trägt eine ähnliche Brille und einen Pulli mit Katzenmotiven. Ihre Katze ist grau.

MINI DATEN

Themenwelt
THE LEGO® MOVIE™

Jahr
2014

Erster Auftritt
LEGO Minifigures THE LEGO MOVIE Serie

Selten

Der Panda-Mann ist mehr als ein Maskottchen. Unter seinem exklusiven Kopfelement wirst du einen Meisterbauer entdecken! Er ist ganz ungewöhnlich, da er eine Miniaturversion des Tieres dabei hat, als das er verkleidet ist!

PANDA-MANN

1 Abnehmbares Kopfelement mit Augenlöchern

2 Standard-Minifigurenkopf darunter ist mit Schweißperle bedruckt.

3 Weißer Körper ist schwarz bedruckt, die schwarzen Beine weiß.

4 Exklusiver Spielzeugpanda

TOLLE TIERE

Weitere Figuren im Tierkostüm: Gorilla-Mann, Eidechsen-Mann, Mann im Hasenkostüm, Hühnchen-Kostüm-Träger, Bienen-Kostüm-Mädchen und Schweinchen-Kostüm-Mann.

ALIEN-MOSKITO MIT FLÜGELN

Summend sauste dieses Alien-Insekt in das LEGO Space Unterthema Galaxy Squad. Der Kopf des Moskitoids ist eine brandneue Form und zum ersten Mal waren an einer Minifigur auch solche wunderschönen Flügel zu sehen.

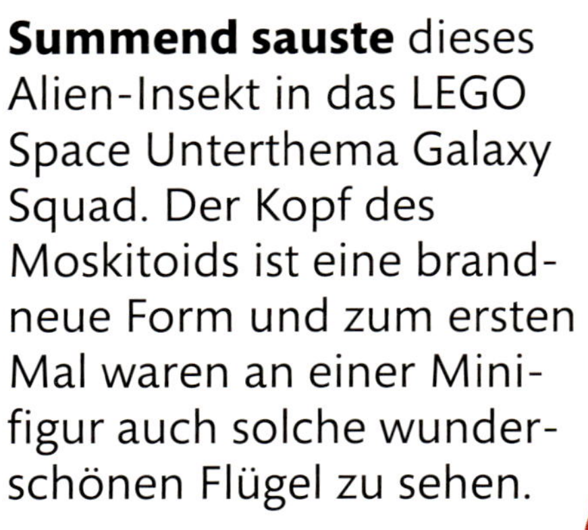

SCHWARMSTÄRKE

Neben Alien-Moskitos kämpfte Galaxy Squad auch gegen rote und grüne Krabbler. Wo ist eine Riesenfliegenklatsche, wenn man sie mal braucht?

Themenwelt
LEGO® Space

Jahr
2013

Erster Auftritt
Abwehr-Jäger (70701)

Selten

NERV MICH NICHT!

1 Neue Kopfform mit großen Facettenaugen und spitzem Saugrüssel

2 Die einteiligen transparenten Flügel sind am Hals befestigt.

3 Exoskelett auf Körper und Beinen

SUMM, SUMM

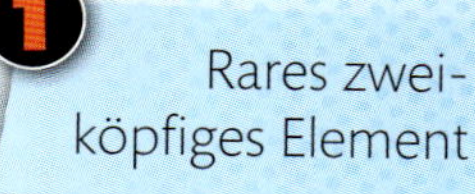

1 Rares zweiköpfiges Element

2 Schuppenmuster vom Kopf bis zu den Beinen

3 Fangdam ist der einzige Fangpyr mit roten Beinen.

FANGDAM

Fangdam ist Zweithöchster im Fangpyr-Stamm der Themenwelt LEGO NINJAGO. Ein Biss kann eine neue Schlange erzeugen. Fangdams zweiter Kopf stammt vom Biss eines Fangpyr-Kollegen, der ihn mit einer Schnecke verwechselte!

MINI DATEN

Themenwelt
LEGO® NINJAGO™

Jahr
2012

Erster Auftritt
Schlangen-Quad (9445)

Selten

FAMILIENÄHNLICHKEIT

Fangdams Bruder Fangtom hat ein fast identisches Kopfelement – mit einer Ausnahme: Er hat hinten weiße statt schwarze Markierungen! Und Fangtom besitzt ein langes Schwanzelement statt Beinen.

RIESEN-METALL-FÄUSTE!

G'LOONA

1 Gorillakopf über dem Minifigur-Standardkopf

2 Die Minifigur-Standardhände halten Riesenfäuste.

3 Die Fäuste tauchen auch in Ultra Agents und NINJAGO™ auf.

G'Loona ist die einzige bekannte Frau im Gorilla-Stamm von Chima, etwas Besonderes ist sie aber auch dank ihrer großen Metallhände. Sie hat außerdem kurze unbewegliche Beine und ein mit schönen, pinken Blumen verziertes Kostüm.

MINI DATEN

Themenwelt
LEGO® Legends of Chima™

Jahr
2013

Erster Auftritt
Gorzans Gorilla-Roboter (70 008)

Selten 

EINSAME WÖLFIN

Wie G'Loona ist auch Windra als einzige Frau ihres Stammes eine Minifigur. Sie tritt bislang nur in einem Set auf: Worriz' Großer Wolfstruck (70 009).

MINI DATEN

Themenwelt
LEGO® Minifigures

Jahr
2013

Erster Auftritt
LEGO Minifigures Serie 10

Selten

Diese Biene ist mit ihrem einzigartigen Kopfschmuck und ihren neuen transparenten Flügeln sowie ihrer exklusiven Bedruckung bislang die einzige verkleidete weibliche Minifigur im Tierkostüm. Sie hat zwar keinen Stachel, doch genug Honig in ihrem bedruckten Topf.

BIENEN-KOSTÜM-MÄDCHEN

1 Neue Kappe mit Insektenfühlern

2 Am Hals befestigte Plastikflügel

3 Das Topfelement hat auch die Minifigur Kobold.

BEFLÜGELT

Ein Hauch Magie umgibt die Minifigures Serie 8 – die Fee trägt transparente blaue Flügel.

Azog, der Oberschurke in der Filmtrilogie *Der Hobbit*, wurde glücklichen LEGO Fans im Juni 2013 auf der Comic-Con in San Diego geschenkt. Später erschien er auch in einem Set, doch seine Comic-Con-Edition in der Originalverpackung ist noch immer sehr geschätzt!

WO IST DER WARG?

In *Der Hobbit: Eine unerwartete Reise* reitet Azog einen weißen Warg. Einer erscheint in LEGO Form in Angriff der Wargs (Set 79 002), aber ohne Azog.

GROSSE SCHLACHT

Azog tritt auch im Set Schlacht von Dol Guldur (79 014) auf.

AZOG

WENN ICH DIESE ZWERGE IN MEINE KLAUE KRIEGE …

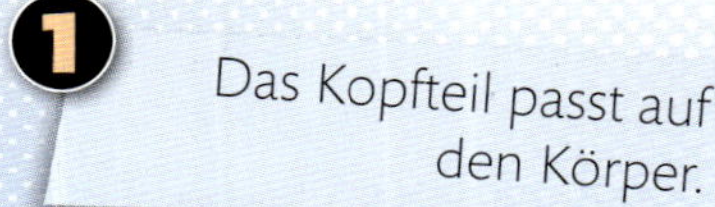

1. Das Kopfteil passt auf den Körper.
2. Die Metallklauenhand hat nur Azog.
3. Auf Körper und Bein gedruckter Felllendenschurz
4. Die Waffe besteht aus drei Teilen.

MINI DATEN

Themenwelt
LEGO® *The Hobbit*™

Jahr 2013

Erster Auftritt
Geschenk auf der Comic-Con 2013 in San Diego

Selten

HEISSE FLÜGEL!

1 Leuchtend orange Flügel

2 Feuerrot gefiedertes Kopfelement

3 Goldkragen und Flügelharnisch mit Flammensymbol

4 Schräges Element mit Gürtel und Anhängern

SCHÖNER FLIEGEN

Diese Flügelform wurde eigens für LEGO Legends of Chima kreiert.

FLUMINOX

Dieser Phönix aus der Themenwelt LEGO Legends of Chima trägt das Outfit des Anführers seines Stammes. Er hat einen neuen Schulterpanzer mit feuerroten Flügeln und ein exklusives, mit goldfarbenen Details verziertes schräges Element.

PHÖNIX-BEINE

Eine Fluminox-Variante mit Beinen statt dem schrägen Element kann in Feuer-Höhle (Set 70 155) auf seinem Speedor sitzen.

MINI DATEN

Themenwelt
LEGO® Legends of Chima™

Jahr
2014

Erster Auftritt
Phoenix Fliegender Feuertempel (70 146)

Selten

AB IN DEN KANAL

Shadow Leo stand auf einer Pappe, die wie ein Kanaldeckel aussah.

Diese Ninja Turtle Minifigur tauchte 2012 in New York auf der Comic-Con auf und führte die neue Themenwelt LEGO Teenage Mutant Ninja Turtles ein. Nur 300 Shadow Leonardos wurden an glückliche Gewinner verlost. Jeder hatte ein schwarzes Skateboard, das mit Schauplatz und Datum des Events bedruckt war.

MINI DATEN

Themenwelt
LEGO® Teenage Mutant Ninja Turtles™

Jahr 2012

Erster Auftritt
Geschenk auf der Comic-Con New York 2012

Selten

GRÜN GEWORDEN

Die erste grüne Leonardo Minifigur erschien 2013 und hatte wie Shadow Leo neue, eigens für das Turtles-Thema produzierte Kopf- und Panzerformen.

MINI DATEN

Themenwelt
LEGO® Minifigures

Jahr
2013

Erster Auftritt
LEGO Minifigures Serie 10

Selten

Medusa, ein klassisches mythisches Monster, hat Schlangenhaare und sogar einen Schlangenschwanz. Fangzähne sind ein häufiges Motiv ihrer Bedruckung und jede Seite ihres Kopfs wirkt so böse wie die andere!

SCHLANGEN ALS HAARE!

MYTHOS!
Medusa gehört zu den mythischen Lebewesen der Gorgonen.

MEDUSA

1 Exklusives Haarelement voller Schlangen

2 Doppelseitiger Kopf, die Rückseite mit zorniger Miene

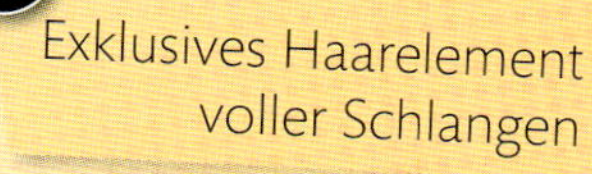

3 Grünes Schwanzelement mit flexibler Gummispitze

ANGE SCHLANGE
as Schlangenschwanz-
ement hatte zuerst die Mini-
ur des Schlangen-Generals
LEGO® NINJAGO™ Sets.

Die 2010 eingeführte Themenwelt LEGO Atlantis brachte viele innovative Minifigur-Designs für ihre wilden Unterwasserwesen. Die tapferen Rettungstaucher verteidigten sich gegen viele fischige Feinde – am schlimmsten war der Tintenfischmann mit seinen schrecklichen Tentakeln!

FURCHTBARE TENTAKEL

Auch der Alien Commander in LEGO® Alien Conquest Sets von 2011 hatte das Tentakelelement.

Themenwelt
LEGO® Atlantis

Jahr
2010

Erster Auftritt
Tintenfischtor (8061)

TINTENFISCHMANN

GLEICH SITZT DU IN DER TINTE!

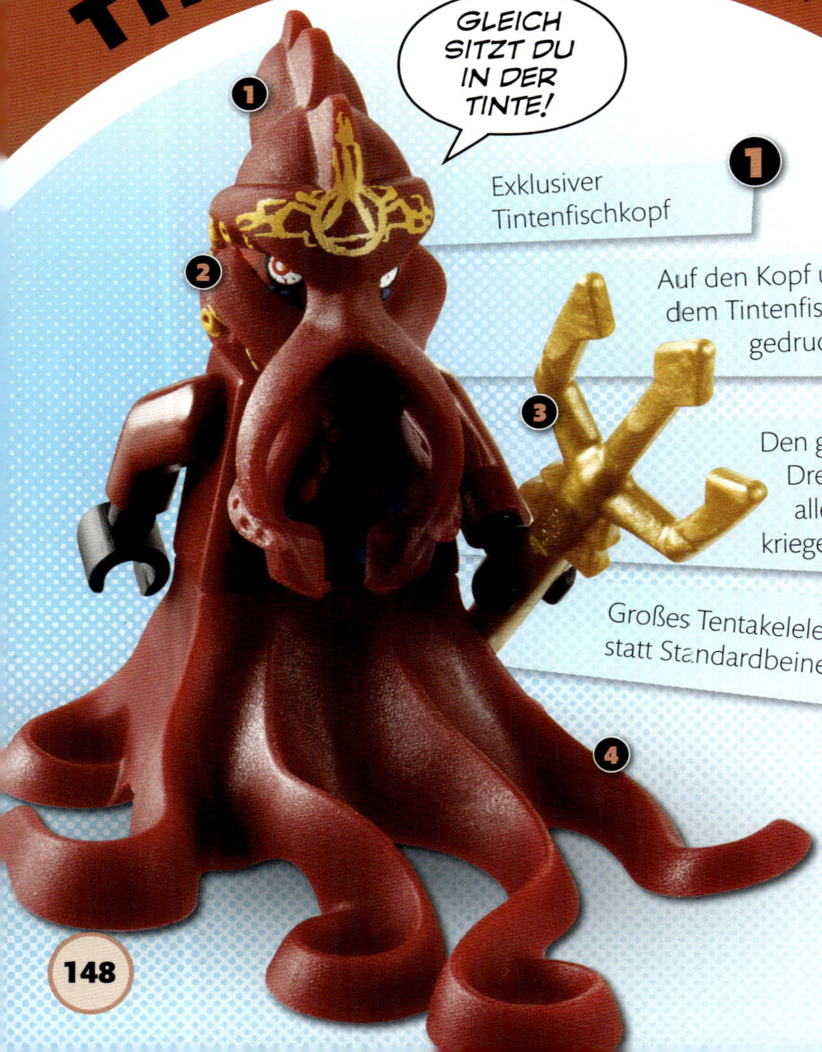

1 Exklusiver Tintenfischkopf

2 Auf den Kopf unter dem Tintenfischelement gedruckte Augen

3 Den goldenen Dreizack tragen alle Unterwasserkrieger-Minifiguren.

4 Großes Tentakelelement statt Standardbeine

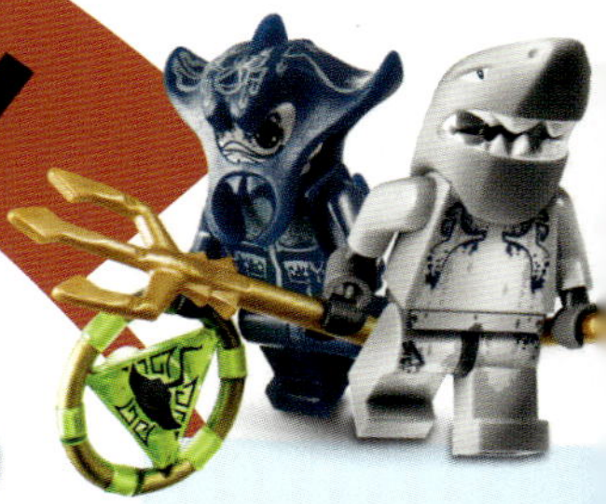

DÄMONEN DER TIEFE

Die Rettungstaucher von LEGO Atlantis hatten auch Auseinandersetzungen mit hinterhältigen Hai-Wächtern und Manta-Wächtern.

SO VIELE BEINE!

NEUNTES KAPITEL

SCHLIMME SCHURKEN

MANCHE MINIFIGUREN HABEN EINE DUNKLE SEITE. IN DIESER SCHURKENGALERIE SIND SIE BÖSE BIS ZUR BASIS-PLATTE!

BLITZ-SITH

DARTH VADER (CHROMSCHWARZ)

ICH BIN DEINE MINIFIGUR!

1 Der Kopf unter dem Helm ist grau.

2 Reflektierend chromschwarze Bemalung

3 Stoffumhang

Nur 10 000 Exemplare dieses blitzenden Sith-Lords wurden zum 10. Jahrestag von LEGO *Star Wars* produziert. Sie waren chromschwarz bemal und wurden nach dem Zufallsprinzip LEGO *Star Wars* Sets beigegeben oder auf Fan-Events verschenkt.

MINI DATEN

Themenwelt
LEGO® *Star Wars*™

Jahr
2009

Erster Auftritt
Werbegeschenk zu LEGO *Star Wars* Sets

Selten 

DARTH SANTA

Der LEGO *Star Wars* Adventskalender 2014 (Set 75 056) enthält einen Darth Vader im roten Cape und Nikolausmantel – sowie einen Sack Spielzeug für Stormtrooper.

Themenwelt
LEGO® Agents

Jahr
2008

Erster Auftritt
Vulkan Basis (8637)

Selten 

LEGO Agents Schurkin Claw-Dette hat ihren rechten Arm durch eine Klaue ersetzt, doch ihre Stimmung hat sich offenbar nicht verbessert. Der Arm besteht aus zwei Teilen: einem speziellen silbernen Arm für LEGO Agenten und einer grauen Roboterklauenhand.

CLAW-DETTE

ICH PACKE ZU!

1 Roboterklauenelement

2 Gleiches Gesicht wie die Böse Hexe aus LEGO® Castle

3 Strenge Bobfrisur

4 Exklusiver Körper mit Dr. Infernos Logo

GLEICHE HAARE

Nya aus LEGO® NINJAGO™ trägt das gleiche Bobfrisurelement.

WIE PRAKTISCH!

Dr. Inferno, Claw-Dettes böser Boss, hat auch einen Roboterklauenarm – sehr praktisch, wenn er sein wirres Haar stylt!

In dieser LEGO NINJAGO Minifigur stecken zwei Charaktere! Auf der einen Kopfseite ist sie der lächelnde Cyrus Borg, ein geschickter Erfinder. Auf der anderen wird er in den üblen Schurken OverBorg verwandelt.

Themenwelt
LEGO® NINJAGO™

Jahr
2014

Erster Auftritt
OverBorg Attacke (70722)

Selten 

„Der Kopfschmuck kommt dieser Minifigur sehr zugute. Ich mag die Kombination mit der aufgedruckten Dekoration."
THOMAS PARRY, LEGO GRAPHIKDESIGNER

CYRUS BORG

1. Nur diese Minifigur trägt den Kopfschmuck.
2. OverBorg hat rote Augen und eine Metallic-Bedruckung.
3. Mit Kabel, Platine und Schlauch bedruckter exklusiver Körper
4. Silberfarbener und schwarzer Arm für Borgs zwei Charaktere

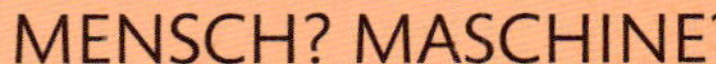

MENSCH? MASCHINE?

OverBorgs mechanischer Kopfschmuck ist Teil seiner Haarform.

Bedruckter Helm exklusiv für Bad Cop

Andere Kopfseite zeigt das Gesicht von Good Cop mit Lächeln und runder Brille.

Körper mit Abzeichen und Walkie-Talkie

Neues Blasterelement feuert rote Noppen.

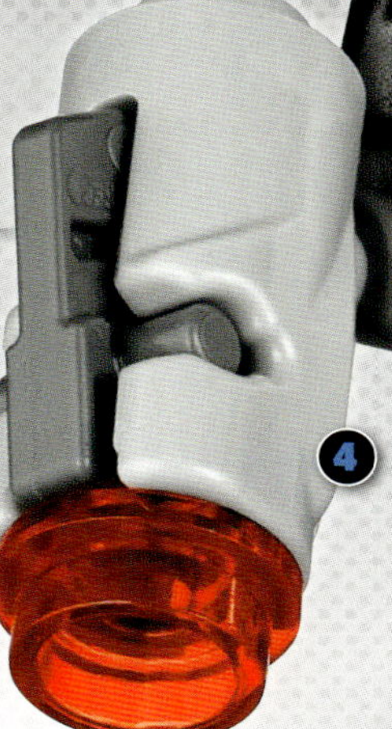

BAD COP

Bad Cop ist Lord Business' erster Handlanger in THE LEGO MOVIE – zumindest eine Seite seines Kopfes! Dreht man seinen Kopf herum, wird er der nette Good Cop. Diese Variante ist exklusiv für das Set Bad Cops Verfolgung.

Themenwelt
THE LEGO® MOVIE™

Jahr
2014

Erster Auftritt
Bad Cops Verfolgung (70 802)

Selten

BAD COP VARIANTE

Diese Variante von Bad Cop gehört zur LEGO MOVIE Minifiguren Serie. Sein „Good Cop"-Gesicht ist ausgelöscht und nur noch eine gezeichnete Grimasse.

SIR FANGAR

SCHURKE AUS ZWEI HÄLFTEN

ICH HABE EIN PAAR SÄBEL!

1 Die Fangzähne passen zu den Farben des Kopfs darunter.

2 Transparenter blauer Arm mit blauer Hand

3 Mit Gürtel, Abzeichen und Panzer bedruckte Beine

4 Transparentes blaues Bein mit Klauen

KLAR WIE EIS
Die transparenten hellblauen Körperteile wurden speziell für Legends of Chima geschaffen.

Fangar, der Anführer des Säbelzahntiger-Stamms, ist eine furchterregende Minifigur. Er hat Narben im Gesicht und spitze Fangzähne, doch erst mit seinen transparenten Körperteilen und seinem Panzer hebt er sich von der Masse ab.

MINI DATEN

Themenwelt
LEGO® Legends of Chima™

Jahr
2014

Erster Auftritt
Feuer gegen Eis (70156)

Selten 

KREUZRITTER MIT CAPE

Eine schwarze Version von Sir Fangars schäbigem Cape trägt die Minifigur Batzarro. Diesen seltsamen Batman-Klon gibt es zur DVD LEGO® *DC Comics™ Super Heroes: Justice League vs Bizarro League.*

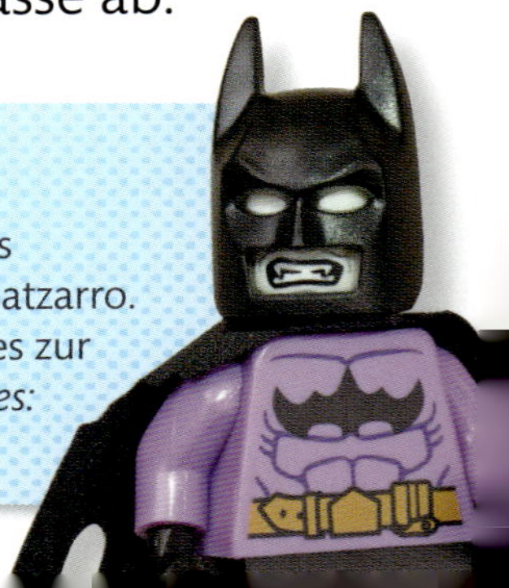

MINI DATEN

Themenwelt
LEGO® *Star Wars*®

Jahr
2008

Erster Auftritt
Republic Attack Gunship (7676)

Selten

Diese finstere Nachtschwester von Dathomir trat erstmals 2008 auf. Sie hat coole Accessoires wie zwei ungewöhnliche Lichtschwerter mit gebogenen Griffen und einen schicken Stoffrock, den sie nur in einem einzigen Set trägt.

ASAJJ VENTRESS

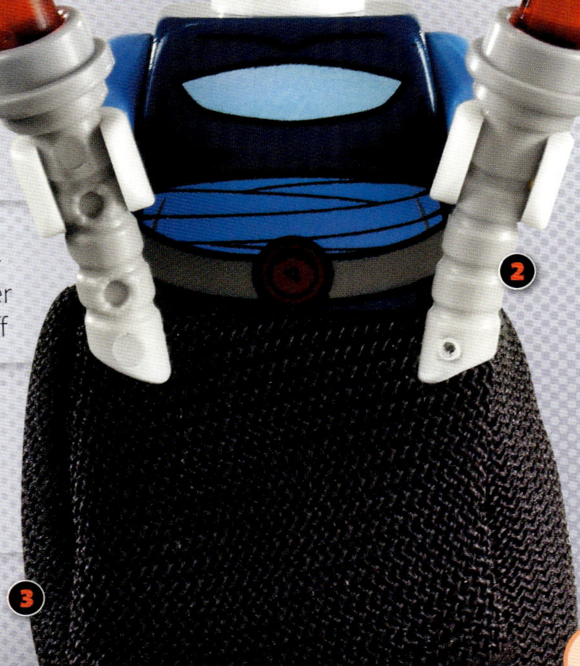

1 Lila Nachtschwester-Tattoos

2 Nur für sie entworfene Lichtschwerter mit gebogenem Griff

3 Ventress trug als erste Minifigur einen Stoffrock über ihren Beinen.

ZWEITE ASAJJ

Diese Variante von Ventress erschien 2011 in Sith Nightspeeder (Set 7957). Sie sieht ganz anders aus – ohne Stoffrock und mit alternativ bedrucktem Körper.

Nein, diese schockpinke Vision ist keine Schöpfung der Schwarzen Künste – es ist die Minifigur von Professor Dolores Umbridge aus LEGO Harry Potter! Die Professorin erscheint nur in einem Set und ihre Beine, ihr Körper und ihr Kopfelement sind exklusiv bedruckt.

VIDEO-MAGIE

Professor Umbridge ist eine Figur im Videospiel LEGO *Harry Potter: Die Jahre 5–7*. Sie schwingt einen Zauberstab.

Themenwelt
LEGO® Harry Potter™

Jahr
2007

Erster Auftritt
Schloss Hogwarts (5378)

Selten  

1 Das Haarelement trägt nur eine weitere Minifigur – im Set Gemüsehändler (10185).

2 Hellpinke Wangen

3 Körper hat Jackendetails und Katzenbrosche.

4 Die pinke Anzughose passt perfekt zur Jacke!

SEVERUS

Exklusiv im Set Schloss Hogwarts ist auch die Minifigur Severus Snape. Diese Variante trägt eine schwarze Jacke mit lila Körperbedruckung.

FEIND DER AGENTEN!

DR. INFERNO

ICH SORGE FÜR ÄRGER!

1. Haare wie Flammen
2. Exklusives Kopfelement mit Grinsen des irren Genies
3. Die Roboterklaue trägt auch Handlangerin Claw-Dette.
4. Anzug mit Flammenschädel-Logo

ZWEIERLEI ARME

Vor 2008 gab es Minifiguren mit Hakenhänden, aber keine hatte zweierlei Arme.

Themenwelt
LEGO® Agents

Jahr
2008

Erster Auftritt
Mobile Kommandozentrale (8635)

Selten

Dieses böse Genie auf der Fahndungsliste der LEGO Agenten stand bald auch auf der Fahndungsliste von LEGO Fans. Mit auffälligem neuem Haarelement und einer Roboterklaue ist Dr. Inferno die erste LEGO Minifigur mit einem Nicht-Standard-Arm.

RITTERGESCHICHTE

Der allererste Minifigur-Schurke 30 Jahre vor Dr. Inferno, der Schwarze Kavallerieritter, war im Set Ritterburg (375) enthalten. Ein schwarzes Visier verbarg sein lächelndes Gesicht.

SHADOW ARF TROOPER

INS DUNKEL!

1 Aufgedrucktes Silbervisier

2 Standard-Klonkopf unter dem Helm

3 Mit exklusivem Farbschema bedruckter Panzer

4 Schwarze Hüften und Hände bei allen ARF Troopers

KEIN FILMSTAR!
Der Shadow ARF Trooper tritt in keinem Film auf, nur in der LEGO *Star Wars* Galaxis.

Der Shadow ARF Trooper war ein exklusives Werbegeschenk für *Star Wars* „May the Fourth be With You“ 2011. Da Beine, Helm und Körper schwarz sind, verschwindet diese Minifigur leicht im Schatten – lasse sie nur ja nicht aus deiner Sammlung verschwinden!

Themenwelt
LEGO® *Star Wars*™

Jahr
2011

Erster Auftritt
Werbegeschenk zum 4. Mai

WIE DIE ANDEREN ARF LEBEN

ARF (Advanced Recon Force) Trooper sind Klone für Aufklärungsmissionen. Meist haben sie weiße Panzer – die Shadow-Variante ist also besonders geheim!

MINI DATEN

Themenwelt
LEGO® *Indiana Jones*™

Jahr
2009

Jahr
Der Tempel des Todes (7199)

Selten

Der schreckliche Hohepriester Mola Ram ist Anführer des Thuggee-Kults in *Indiana Jones und der Tempel des Todes*. Dieser Schurke macht seinen Feinden Angst mit seinem furchtbaren Hörnerkopfschmuck. Zum Glück für Indy und seine Freunde erscheint er nur in einem Set!

PRIESTER MIT HÖRNERN!

MOLA RAM

1 Exklusiver Kopfschmuck mit abnehmbaren Hörnern

2 Kopf mit roter Bemalung unter dem Kopfschmuck

3 Auf den Körper gedruckte Zahnhalskette

GNADE?

GENAU BETRACHTET

Der kleine braune Kopf auf Mola Rams Kopfschmuck wirkt sehr besorgt. Wer wäre es nicht?

GETRAGENE HÖRNER

Mola Rams abnehmbare Hörner trägt 2012 auch der Minotaurus in Serie 6 der sammelbaren Minifiguren.

Diese Variante von 2012 der meistgesuchten Ökokriegerin von Gotham fällt auf mit ihrer dekorativen Efeuranke auf dem Körper und der oberen Hälfte der Beine. Ihr rotes Haarelement wurde mit der Minifigur eingeführt und ist vorn mit fünf grünen Blättern bedruckt.

BERÜCHTIGTE BATMAN-SCHURKIN

Themenwelt
LEGO® DC Comics™ Super Heroes

Jahre
2012–2013, 2015

Erster Auftritt
Die Bathöhle (6860)

Selten 

POISON IVY

ALLES SOLL GRÜN WERDEN!

1 Rotes Haar ist mit grünen Blättern bedruckt.

2 Dichte Wimpern und dunkelgrüner Lippenstift

3 Efeuranke läuft vom Körper bis zu den Beinelementen.

4 Fleischfarbene Arme

UMRANKE MICH

Die Poison Ivy Minifiguren von 2006 und 2012 haben beide grüne Efeuranken.

DUNKLERE SEITE

Die Original-Minifigur Poison Ivy basiert auf der Figur aus *Batman: The Animated Series* und hat dunkleres Haar als die Variante von 2012 sowie einen Lippenstift in hellerem Grün.

BOBA FETT (WEISS)

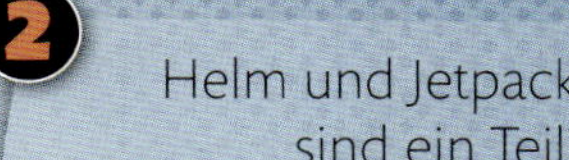

1 Das schwarze Kopfelement lugt durch den Helm.

2 Helm und Jetpack sind ein Teil.

3 Außer Körperdesign keine Bedruckung

FETT AUF DER MESSE

Der weiße Boba Fett war 2010 auf der kanadischen Spielwarenmesse ein Geschenk für 150 glückliche Fans!

Dieser ganz weiße Boba Fett basiert auf *Star Wars* Entwürfen aus den 1970er-Jahren und war ein Geschenk zum 30. Jahrestag von *Das Imperium schlägt zurück*. Hinter den 10 000 Exemplaren des Kopfgeldjägers jagen viele Fans her.

KAMPFNARBEN

ine Variante von Boba ar 2010 in *Slave I* (Set 097). Er hat einen kampfeschädigten Helm, ein tpack, einen Narbenkopf, nen schäbigen braunen mhang über der Schuler und einen mit einem GO® TECHNIC Element rlängerten Blaster.

MINI DATEN

Themenwelt
LEGO® *Star Wars*™

Jahr
2010

Erster Auftritt
Werbe-Minifigur zum 30. Jahrestag von *Star Wars: Das Imperium schlägt zurück*

Selten

MINI DATEN

Themenwelt
LEGO® Harry Potter™

Jahr
2001

Erster Auftritt
Die letzte Heraus-forderung (4702)

Selten

ZURÜCK IN SCHWARZ

Professor Quirrells Minifigur stand für den ersten Auftritt von Lord Voldemort in LEGO Harry Potter. Die letzte Version (links) erschien 2010 im Set Schloss Hogwarts (4842) und im folgenden Jahr in Der verbotene Wald (Set 4865).

Wer verbirgt sich unter Professor Quirinus Quirrells Turban? Nun, natürlich Lord Voldemort! Diese Minifigur hatte als erste einen doppelseitigen Kopf, mit Quirrells Gesicht auf der einen Seite und dem vor Lord Voldemort auf der anderen. Ein doppelter Gewinn für Sammler!

MINI DATEN

Themenwelt
LEGO® City

Jahr
2013

Erster Auftritt
LEGO City Starter-Set (60 023)

Selten

In LEGO City gab es schon immer böse Buben, doch selbst die schlimmsten Schurken sehen liebenswert aus! Dieser klassische Räuber mit elegantem Schnurrbart trägt das weniger elegante Streifenhemd eines ausgebrochenen Sträflings.

RÄUBER

WER WAR DER MASKIERTE?

Zehn andere Minifiguren haben dieses maskierte Gesicht, was polizeiliche Gegenüberstellungen sehr erschweren muss.

1 Den braunen Sack tragen auch vier Nikolaus-Minifiguren.

2 Viele LEGO City Räuber haben dieses Brecheisen.

3 Gefängniskleidung erstmals 2005

ÄRTIGER
ÖSEWICHT

ieser neue Bösewicht im
GO City Unterthema
amp Police von 2015 hat
Bartelement, das zwi-
en Kopf und Körper passt!

Ganz in Schwarz ist der Blacktron Astronaut den klassischen LEGO® Astronauten vor ihm um Lichtjahre voraus. Doch lass dich von seinem Lächeln nicht täuschen – diese coolen Raketenmänner waren die ersten Schurken von LEGOLAND Space, die in der Galaxis nur Profit suchten.

Themenwelt
LEGOLAND® Space

Jahre
1987–1991, 2009

Erster Auftritt
Meteor Monitor (1875)

Selten     

BLACKTRON ASTRONAUT

1 LEGOLAND Space Helm mit undurchsichtigem Visier von 1987

2 Halsklemme sichert schwarzen Lufttank.

3 Körper auch für Octan Mag Rennfahrer von 1992 verwendet.

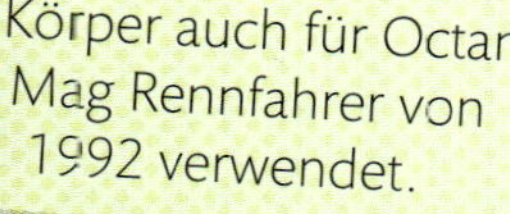

FAN NUMMER EINS

Der Blacktron Astronaut hat einen nicht so geheimen Bewunderer: den Blacktron Fan. Er tritt in THE LEGO® MOVIE™ auf, als Emmet die Schandtaten des Octan Konzerns aufzählt.

MINI DATEN

Themenwelt
LEGO® Teenage Mutant Ninja Turtles™

Jahr
2012

Erster Auftritt
Werbe-Set für den LEGO Store im Kraang Rockefeller Center

Selten

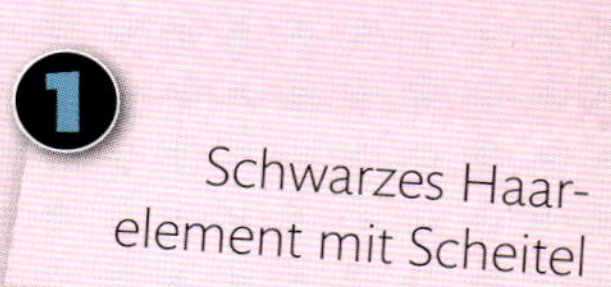

1 Schwarzes Haarelement mit Scheitel

2 Roboterkopf unter beschädigtem Gesicht

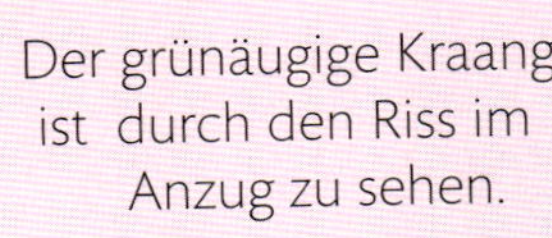

3 Der grünäugige Kraang ist durch den Riss im Anzug zu sehen.

4 Eine graue Roboterhand

KRAANG (BESCHÄDIGT)

Diese exklusive Teenage Mutant Ninja Turtles Minifigur für ein Event im LEGO Store des New Yorker Rockefeller Centers bekamen Kunden, die als Turtles verkleidet waren. Sie stellt einen Alienschurken im beschädigten Roboter/Mensch-Körper dar, dessen wahre Gestalt durch Risse im Anzug zu sehen ist.

DU KRAANG?

Ein „Kraangdroid"-Roboter ohne menschliche Züge erscheint in drei LEGO Teenage Mutant Ninja Turtle Sets. Er hat ein Jetpack und sein bedruckter Körper zeigt Kraang in seiner ganzen Pracht!

PIRAT

1 Dreieckiger Hut oder „Dreispitz“

2 Aufgedruckte Augenklappe von 1989

3 Mit Stoppeln und Strubbelhaar bedruckt

4 Fünf Varianten haben diese Körper

KEINE ALTEN HÜTE

Alle drei Hüte im Set Piratenbrigantine waren brandneu – einer davon saß auf der Mastspitze des Schiffs!

MINI DATEN

Themenwelt
LEGO® Pirates

Jahre
1989, 2002

Erster Auftritt
Piratenbrigantine (6285)

Selten 

Dieser Pirat hat das typische fröhliche Lächeln einer Minifigur, aber auch Strubbelhaar, Augenklappe und Stoppeln eines Schurken! Diese Details sowie der neue Dreispitz und Körper gehörten zu einer neuen Minifigur, die 1989 von LEGO Pirates eingeführt wurde.

HUT VOR HAND

LEGO Kopfbedeckungen gibt es schon lange. Schon die ersten LEGO Figuren, die 1975 noch ohne Gesicht erschienen, trugen sie – obwohl sie keine Hände hatten, um sie aufzusetzen!

ZEHNTES KAPITEL

WIR HABEN ENERGIE!

LEGO MINIFIGUREN HABEN NICHT NUR VIEL SPASS – DIESE HELDEN UND SCHURKEN BESITZEN AUCH SUPERKRÄFTE!

SUPERMAN (SCHWARZER ANZUG)

DUNKLER KENT!

ICH VERFLUCHE EUCH, HANDYS! ICH BIN ÜBERALL ERREICHBAR!

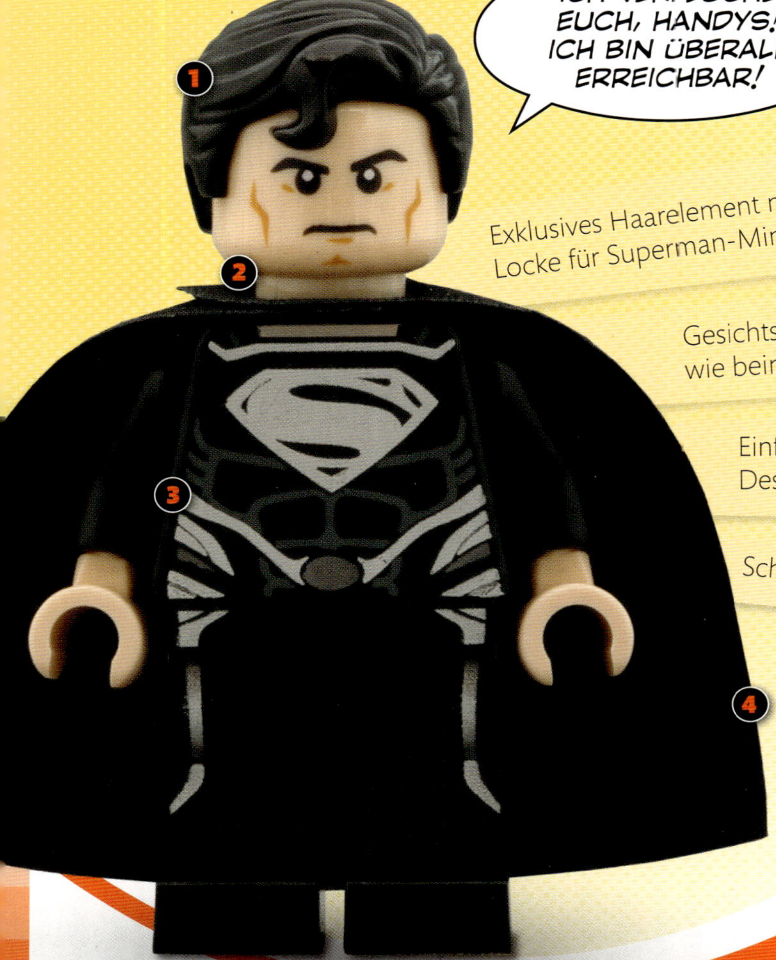

1 Exklusives Haarelement mit Locke für Superman-Minifiguren

2 Gesichtsbedruckung wie beim Man of Steel

3 Einfarbige Version des Designs von Man of Steel

4 Schwarzes Stoffcape

ZURÜCK IN SCHWARZ

Superman trug erstmals einen schwarzen Anzug in Nr. 25 der Comics *Man of Steel.*

MINI DATEN

Themenwelt
LEGO® DC Comics™ Super Heroes

Jahr 2013

Erster Auftritt
Werbegeschenk auf der San Diego Comic-Con 2013

Selten 

Diese exklusive Version von Superman wurde auf der San Diego Comic-Con 2013 an Fans verlost. In einer Sichtverpackung auf Pappe präsentiert, ähnelt er der Variante Man of Steel, hat aber viel dunklere Farbtöne.

MIT PFEIL UND BOGEN

Auch eine Minifigur von Green Arrow wurde ausschließlich für die San Diego Comic-Con 2013 produziert – nach der „New 52" DC Comics Serie.

Themenwelt
LEGO® NINJAGO™

Jahr
2015

Erster Auftritt
Condrai-Copter (70 746)

Selten

Fünf mutige Ninja schützen die LEGO NINJAGO Welt – in Schwarz, Rot, Blau, Weiß und Grün. Doch 2015 lernten Fans eine geheimnisvolle sechste Ninja in Orange kennen. Es muss sich erst zeigen, ob diese farbige Newcomerin sich mit den fünf Ninja-Jungen verbünden oder gegen sie kämpfen wird!

SKYLOR

FEURIG

Die Farbe von Skylors Outfit wird auf der LEGO Farbpalette als „flammend gelbliches Orange“ bezeichnet.

ORANGE IST DAS NEUE SCHWARZ!

1. Aufgedrucktes japanisches Zeichen für die Zahl Sechs
2. Andere Kopfseite zeigt entsetzte weiße Augen.
3. Skylor ist die einzige NINJAGO Ninja mit einem Köcher Pfeile.

BÖSER VATER

Skylors Vater ist der Schurke Master Chen. Seine Minifigur mit exklusivem Kopfschmuck erscheint in zwei Sets: Condrai-Copter und Tempel der Anacondrai (70 749).

Diese für das Unterthema LEGO *Star Wars* Clone Wars™ produzierte Minifigur der mirialanischen Jedi-Ritterin Barriss Offee hat einen kurzen Umhang, den meist kleinere Minifiguren tragen. Er ist ungewöhnlich dunkelblau und hat eine passende Kapuze.

SELTENER, KURZER UMHANG

MINI DATEN

Themenwelt
LEGO® *Star Wars*™

Jahr
2012

Erster Auftritt
Geonosian Cannon (9491)

Selten

BARRISS OFFEE

1 Gesichtstattoos sind auf das seltene hellgrüne Kopfelement gedruckt.

2 Körper nur vorn bedruckt

3 Details zeigen das exklusive Outfit des Jedi-Padawan.

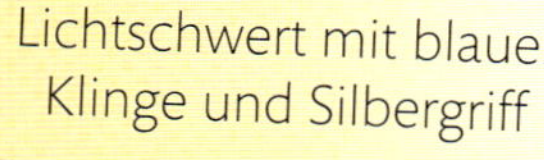

4 Lichtschwert mit blauer Klinge und Silbergriff

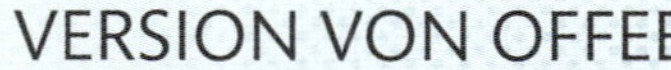

VERSION VON OFFEE

Die Minifigur der Barriss Offee von 2010 hat ein längeres schwarzes Cape mit Kapuze sowie kleinere Augen und andere Tattoos als die stilisiertere Clone Wars Version.

VITRUVIUS

1 Mit einem eindrucksvollen Stab – oder abgelutschtem Lolli

2 Das Kopfband ist Teil des Haars, der Bart separat.

3 Die einzige nicht lizensierte Minifigur mit fleischfarbener Haut

4 Schickes T-Shirt unter der Robe

MINI DATEN

Themenwelt
THE LEGO® MOVIE™

Jahr
2014

Erster Auftritt
Lord Business' Hauptzentrale (70 809)

Selten

Diese THE LEGO MOVIE Minifigur gibt es nur in zwei Sets. Doch was Vitruvius so besonders macht, ist sein speziell geformtes verknotetes Bartelement und sein funkelnd blauer Umhang – beides exklusiv für diesen Charakter.

GESPENSTISCH VERTRAUT

Die Gespenstversion von Vitruvius ist eine Variation des klassischen LEGO Gespenstes von 1990, aber mit Vitruvius' typischem Kopfband. Der Körper ist ganz weiß, der Kopf schwarz.

BELLATRIX LESTRANGE

1 Langes Lockenhaar exklusiv für diese Minifigur

2 Doppelseitiges Kopfelement mit lächelndem Gesicht vorne und beunruhigtem hinten

3 Auf Körper und Haut gedruckte silberne und blaue Details

4 Auch der Rücken ist bedruckt.

Das üppige schwarze Lockenhaar wirkt an der LEGO Harry Potter Minifigur Bellatrix Lestrange so, als hätte jemand es mit einem Zauber verdichtet! Lord Voldemorts loyale Anhängerin erwachte 2010 zum Leben – exklusiv in nur einem Set.

MINI DATEN

Themenwelt
LEGO® Harry Potter™

Jahr
2010

Erster Auftritt
Der Fuchsbau (4840)

Selten

HEXEN, HEXEN …

Hexen gibt es nicht nur in der Welt von Harry Potter! Serie 2 der sammelbaren Minifiguren enthält eine böse blickende Hexe, deren Haut einen Grünton hat, wie er bei niemandem sonst in der Themenwelt zu finden ist.

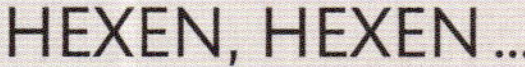

MINI DATEN

Themenwelt
LEGO® DC Comics™ Super Heroes

Jahr 2011

Erster Auftritt
Werbegeschenk auf der San Diego Comic-Con 2011

elten 

IN DEN SCHLAGZEILEN

Eine zweite Serie Green Lanterns wurde 2011 auch auf der Comic-Con in New York verschenkt, auf einer Basispappe zum Thema Big Apple.

Als Geschenk an glückliche Eintrittskartenbesitzer verlost, sollte diese Minifigur auf der San Diego Comic-Con 2011 den Start von LEGO DC Comics feiern. Die paar Tausend Exemplare waren auf Pappe montiert, die wie eine Zeitung aus San Diego aussah.

GREEN LANTERN

1 Das Haarelement trägt auch die Minifigur Mutt Williams aus LEGO® *Indiana Jones*™.

2 Doppelseitiges Kopfelement, hinten mit zorniger Miene

3 Symbol des Lantern Corps

EIN GRÖSSERER LANTERN

Eine LEGO Ultrabuild Version von Green Lantern erschien 2012.

Die neunte Variante, die bislang von Zane erschien, zeigt erstmals seinen inneren Robotermechanismus! Dass der Eis-Ninja so cool ist, beweisen die ganz exklusiven Bedruckungen und die Details in Metallic-Silber, und zwar nur in einem Ninjago-Set.

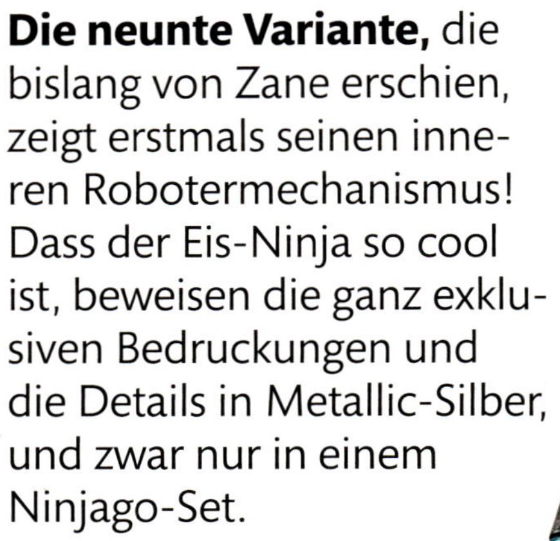

VERKLEIDETER ROBOTER

Der vom Duell beschädigte Zane ist eine Variante der Minifigur Rebooted Zane in Destructoid (Set 70726) von 2014.

Themenwelt
LEGO® NINJAGO™

Jahr
2014

Erster Auftritt
NinjaCopter (70724)

Selten   

ZANE (BESCHÄDIGT)

ZANE+

Von Zane gibt es mehr Varianten als von anderen Ninjago-Minifiguren.

HEAVY METAL? BIN MEHR FÜR COOL JAZZ!

1 Haarelement trägt auch Agent Swift in LEGO® Ultra Agents.

2 Die exklusive Gesichtsbedruckung zeigt den Robotermechanismus

3 Hinten ist er mit Eisdrachen-Logo auf zerfetzter Robe bedruckt.

4 Unpassender „Titan"-Arm

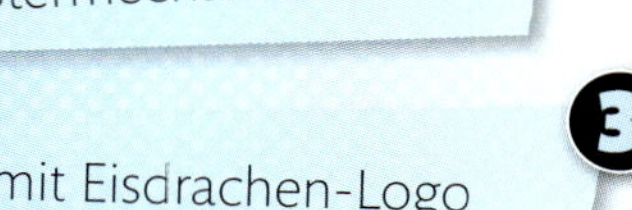

VIKTOR KRUM

MEERBEINE
Das Set Rettung unter Wasser enthält eine Meeresbewohner-Minifigur mit Fischschwanz statt Beinen.

ICH BIN EIN CHAMPION!

1 Exklusives Haikopfelement auf Standard-Minifigurenkopf

2 Der Kopf unter dem Haikopfelement ist mit Viktors Gesicht bedruckt.

3 Körper mit Durmstrang-Wappen

4 Rote Hüften als Badehose

m Triwizard-urnier muss Viktor Krum gegen Zaubererkollegen Harry Potter antreten. Für eine Unterwasseraufgabe verwandelt Krum seinen Kopf in den eines Hais! Dieses exklusive Hai-Element lässt sich abnehmen – darunter ist Krums normales Gesicht.

MINI DATEN

Theme
LEGO® Harry Potter™

Jahr
2005

Erster Auftritt
Rettung unter Wasser (4762)

SCHIFFSFIGUR
Im Set Durmstrang Schiff (4768) von 2005 trägt Viktor Krum seine graue Durmstrang-Uniform mit gedrucktem Pelzkragen und Spitzknöpfen. Unter der großen Pelzmütze ist das Gesicht mit Stoppeln bedruckt.

Selten

EXKLUSIV ZUR COMIC-CON 2012

SHAZAM

1 Zurückgekämmtes Haar wie Batmans wahres Ich Bruce Wayne

2 Doppelseitiger Kopf, hinten mit offenem Mund

3 Exklusive Bedruckung mit Capekette und Muskeln

4 Weißes Stoffcape wie bei Mon Mothma und Prinzessin Leia in LEGO® *Star Wars*™

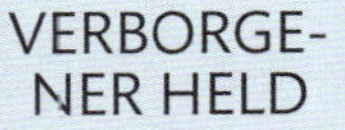

VERBORGENER HELD

Shazam ist ein einlösbarer Charakter in manchen Versionen des Videospiels LEGO® *Batman*™ 2.

Speziell für die Comic-Con 2012 in San Diego produziert, bei der glückliche Losgewinner eine begrenzte Anzahl bekamen, ist diese LEGO DC Comics Minifigur von Shazam bei LEGO Sammlern sehr geschätzt. Sie wurde auf einer bunten Pappe präsentiert, die wie ein Comic-Cover aussah.

MINI DATEN

Themenwelt
LEGO® DC Comics™ Super Heroes

Jahr 2012

Erster Auftritt
Werbegeschenk auf der Comic-Con in San Diego 2012

Selten

MESSEGESCHENKE

Shazam war nicht der einzige LEGO DC Comics Charakter als Werbegeschenk auf der Comic-Con 2012. Supermans labilen Klon Bizarro gab es als exklusive Minifigur.

MINI DATEN

Themenwelt
LEGO® NINJAGO™

Jahr
2014

Erster Auftritt
Nindroid Robo-Drache (70725)

Die ersten vier Sensei Wu Minifiguren besaßen einen weißen Bart und eine kluge Miene. Doch 2013 wurde der Charakter technisch ins Böse verkehrt. Dieser neue Wu ist nur in einem NINJAGO Set enthalten und hat als einzige Variante einen schwarzen Bart und einen Silberhut.

HUT AB!
Wu trug als erste Minifigur einen kegelförmigen Hut.

EVIL WU

VERNICHTE... ALLE... NINJAS!

1. Wus Silberhut taucht in einem anderen Set auf – als Zugteil!
2. Wus Cyborg-Implantate sind das finstere Werk von Pythor.
3. Bei allen Wu-Varianten ist ein kurzer weißer Bart unter dem Bartelement aufgedruckt.
4. Das Bartelement sitzt zwischen Kopf und Körper.

WU ALS NETTER BURSCHE

Zum Glück wurde Wu wieder gut und bekam seinen üblichen weißen Bart als exklusive Minifigur im DK-Buch LEGO® NINJAGO™ *Die Geheime Welt der Ninjas*.

Galadriel, Herrin von Lórien, ist eine der drei exklusiven Minifiguren im Set Kampf mit dem Hexenkönig, neben einer Variante von Elrond von Bruchtal und dem im Dunkeln leuchtenden Hexenkönig selbst! Sie ist neu bedruckt und hat goldfarbenes Haar.

Themenwelt
LEGO® *The Hobbit*™

Jahr
2014

Erster Auftritt
Kampf mit dem Hexenkönig (79015)

Selten 

ELBEN-ÄHNLICHKEIT
Elrond von Bruchtal hat das gleiche elbische Haar wie Galadriel, aber in Dunkelbraun.

1. Haarelement mit Elbenohren
2. Doppelseitiger Kopf – eine Seite heiter, die andere zornig!
3. Funkelnder Umhang
4. Mit Elbenbrosche bedruckter Körper

BÖSER FEIND
Die Minifigur des Hexenkönigs macht Angst! Sie leuchtet im Dunkeln und trägt eine gruselige Stachelkrone!

DARTH MAUL

DATEN

Themenwelt
LEGO® *Star Wars*™

Jahr
2011

Erster Auftritt
Darth Maul's Sith Infiltrator (7961)

Selten

Nach zwei Kapuzen-Varianten war dies die erste Maul-Minifigur mit Zabrak-Hörnern, die seinen Standardkopf krönen. Das Set enthielt jedoch auch ein Kapuzenelement, wie es sich für einen Sith gehört.

ERSTER MAUL

Einen Darth Maul mit Kapuze enthielt das erste LEGO *Star Wars* Set: Lightsaber Duel (7101) von 1999.

SITH-ROBOTER

Mandalorian Speeder (Set 75022) enthält einen Cyborg Darth Maul mit Roboterbeinen und bedruckten Armen.

COLE ZX

EXTREMER ZEN-NINJA

ICH BIN GANZ ZEN!

1. Die Silberhaube verrät Coles ZX-Status.
2. Schulterpanzer mit zwei Steckplätzen für Schwerter
3. Aufgedruckter leichter Panzer
4. Der Rücken zeigt ein goldenes Erddrachen-Symbol.

SCHULTER AN SCHULTER

Coles Schulterstücke trägt auch der böse Wissenschaftler Baxter aus LEGO® Teenage Mutant Ninja Turtles™.

Cole ZX ist die dritte Variante des Ninjas der Erde. Er ist nun schwarz und „schultert“ schwere Ausrüstung. Die kühnen Schulterstücke haben Stil und Funktion – sie halten zwei Katanas quer über Coles Rücken. Es sieht ganz danach aus, als ob er es wirklich ernst meint!

Themenwelt
LEGO® NINJAGO™

Jahr
2012

Erster Auftritt
Coles Tarn-Buggy (9444)

Selten 

KENDO-HALTUNG

ZX ist nicht die einzige Cole-Minifigur mit einem Körperpanzer. Cole (Kendo) hat eine Schutzplatte vorn und hinten sowie eine Maske mit einem weißen Rost. En garde!

MINI DATEN

Themenwelt
LEGO® *Star Wars*®

Jahr
2005

Erster Auftritt
Clone Turbo Tank (7261)

Selten

Diese Minifigur hat echt „Licht" im Lichtschwert! Eine Batterie im Körper liefert Strom für eine LED im Lichtschwertgriff und lässt die lila Klinge beim Druck auf den Knopf am Kopf leuchten. Das ist die Macht der Lichtseite!

RARE WAFFE

Die Neuauflage des Sets Clone Turbo Tank hat keine Lichtelemente mehr.

MACE WINDU

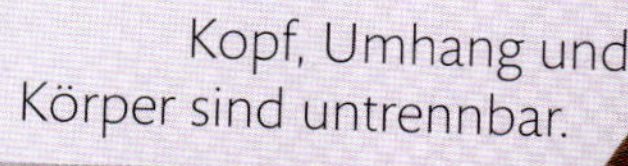

1. Ein Knopf auf dem Kopf schaltet das Licht an und aus.
2. Kopf, Umhang und Körper sind untrennbar.
3. Das Lichtschwert ist am Spezialarm befestigt.
4. Kein anderer Jedi hat ein lila Lichtschwert.

LEUCHTENDE LUMINARA

Luminara Unduli ist auch eine Minifigur mit leuchtendem Lichtschwert. Sie ist nur in Wookiee Catamaran (Set 7260) enthalten, mit exklusiver Kopfbedeckung und schwarzem Cape.

Die Version des NINJAGO Superbösewichts von 2013 ist schrecklicher denn je! Sein zusätzliches Körperelement verleiht ihm mehr Höhe (und Arme!) und sein entsetzlicher Helm der Schatten besteht aus drei LEGO Elementen.

Themenwelt
LEGO® NINJAGO™

Jahr
2013

Erster Auftritt
Tempel des Lichts (70 505)

Selten

LORD GARMADON

MEHR ARME

Auch der LEGO® Teenage Mutant Ninja Turtles™ Robo Foot Ninja hat eine Körperverlängerung.

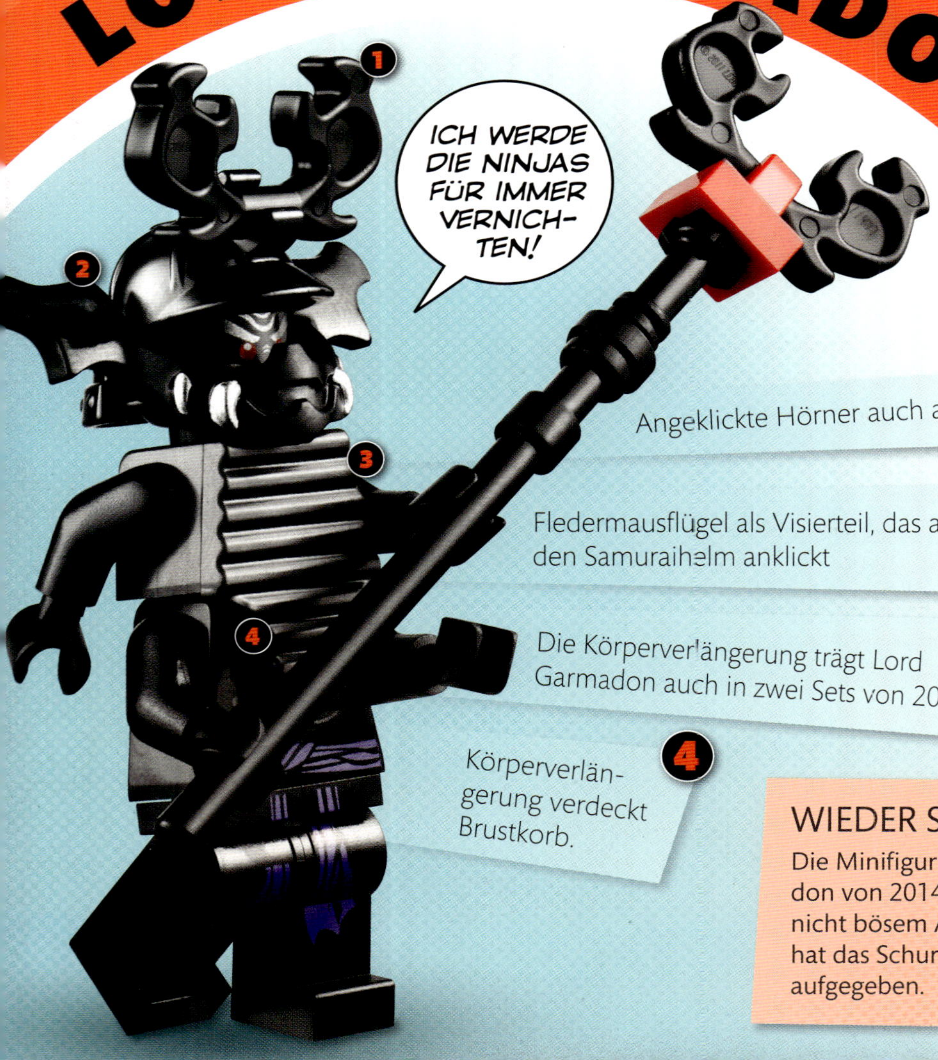

ICH WERDE DIE NINJAS FÜR IMMER VERNICHTEN!

1 Angeklickte Hörner auch am Stab

2 Fledermausflügel als Visierteil, das an den Samuraihelm anklickt

3 Die Körperverlängerung trägt Lord Garmadon auch in zwei Sets von 2012.

4 Körperverlängerung verdeckt Brustkorb.

WIEDER SENSEI

Die Minifigur Sensei Garmadon von 2014 mit neuem, nicht bösem Aussehen hat das Schurkentum aufgegeben.

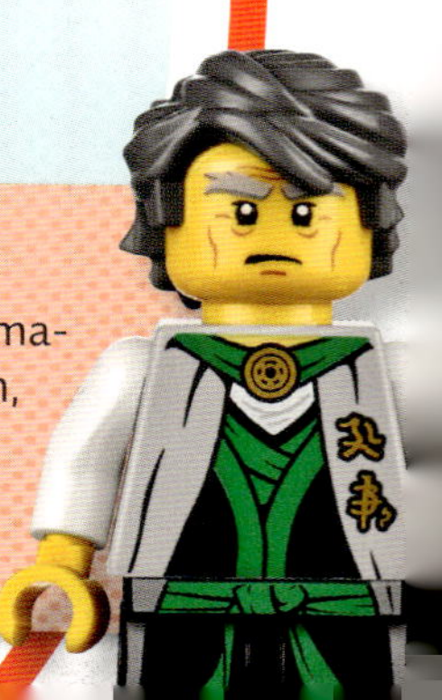

ELFTES KAPITEL

ALLZEIT-IKONEN

WENN ES UM RUHM UND EHRE GEHT, SIND DIESE TOLLEN MINIFIGUREN ÜBERHAUPT NICHT „MINI“!

STAR WARS IKONE!

PRINZESSIN LEIA

1 Nur Leia hat diese „Zimtschnecken-Frisur".

2 Gesicht auch für Minifigur Mon Mothma verwendet.

3 Variante von 2011 mit neuem Gesicht und Haarelement

4 Die Variante von 2000 ist bis auf Hände und Kopf identisch.

SET IN SUPERGRÖSSE

Das einzige Set mit mehr Teilen als Ultimate Collector's *Millennium Falcon* ist Taj Mahal (Set 10189) mit 5922 Teilen.

Diese sehr geschätzte Prinzessin war zuerst im riesigen Set Ultimate Collector's *Millennium Falcon* enthalten – unter insgesamt 5195 LEGO Elementen. Sie erschien noch in zwei weiteren begehrten Sets: Todesstern (10188) und *Tantive IV* (10198).

MINI DATEN

Themenwelt
LEGO® *Star Wars*™

Jahre
2007–2009

Erster Auftritt
Ultimate Collector's *Millennium Falcon* (10179)

Selten

HOTH LEIA

Die einzige andere Version von Leia mit Schnecken-Frisur ist für den Eisplaneten Hoth gekleidet – in einer gelben und einer fleischfarbenen Variante.

MINI DATEN

Themenwelt
LEGO® *Indiana Jones*™

Jahre 2008–2009

Erster Auftritt
Die Flucht aus dem Tempel (7623)

2008 kehrte Harrison Ford in *Indiana Jones und das Königreich des Kristallschädels* als Peitsche knallender Abenteurer ins Kino zurück. Und Indy feierte auch sein Debüt als LEGO Minifigur!

STETS PRÄSENT

Jedes Set von LEGO *Indiana Jones* enthält eine Minifigur von Indy!

INDIANA JONES

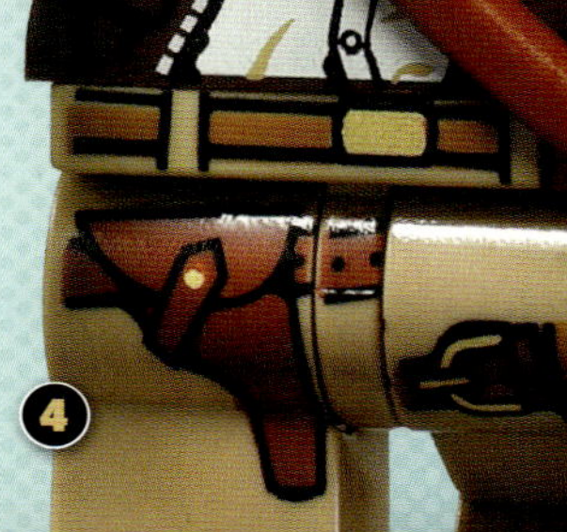

1 Fedorahut eigens für LEGO Indiana Jones designt

2 Biegsame Peitsche

3 Die Schultertasche ist abnehmbar.

4 Beinelement mit Pistolenhalfter

INDY, INDY ...

Es gibt mehrere Varianten von Indy: im grauen Anzug, ohne eine Jacke, grinsend und im eleganten weißen Smoking.

Eine der wenigen gelben Minifiguren von Luke, von der es keine fleischfarbene Variante gab, stellt den Jedi im Training bei Meister Yoda auf dem Dschungelplaneten Dagobah dar. Es ist eine der zwei Luke-Varianten mit bloßen Armen – die andere steckt im „Bacta-Tank" in Hoth Echo Base (Set 7879).

GELBER REBELL!

Themenwelt
LEGO® *Star Wars*™

Jahr
2004

Erster Auftritt
X-Wing Fighter (4502)

Selten 

LUKE SKYWALKER (DAGOBAH)

PASST DIESES GRÜN ZU GELB?

1. Das gelbe Haar ist gegen Lukes Pilotenhelm austauschbar.
2. Der dreiteilige Rucksack wird am Hals befestigt.
3. Exklusive Bedruckung
4. Dies ist eine der letzten LEGO *Star Wars* Minifiguren mit gelber Hautfarbe.

ANDERERSEITS ...

... haben elf Luke-Varianten gelbe Hände, doch nur bei sieben sind beide Hände gelb! Die in Speeder Bikes (Set 7128) und Final Duel II (Set 7201) haben eine gelbe und eine schwarze „kybernetische" Hand, zwei Varianten tragen schwarze Handschuhe.

HARRY POTTER (SCHWARZER MANTEL)

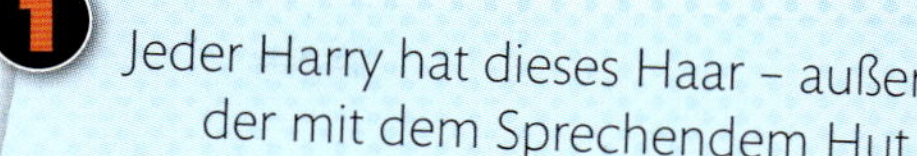

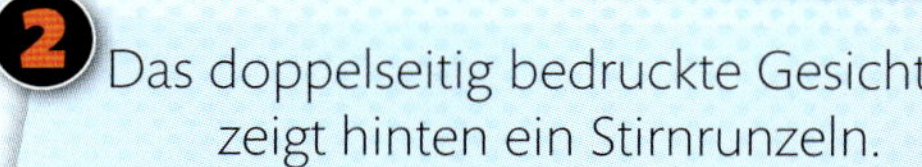

3 Offizieller Anzug für die Weihnachts-party im Slug-Klub

4 Der einzige Harry mit bedruckten Beinen

DER LETZTE ZAUBERER

VERKLEIDET

In Slytherin (Set 4735) von 2002 ist Harry als Gregory Goyle verkleidet! Er trägt die Hogwarts-Uniform mit Slytherin-Wappen und eine Seite seines Kopfes ist mit Goyles Gesicht bedruckt, die andere mit Harrys.

Diese Harry-Variante gab es exklusiv im DK-Buch LEGO® Harry Potter™: *Lexikon der Minifiguren*. Sie ist bislang die letzte Minifigur der Themenwelt Harry Potter und kam ein Jahr nach den letzten beiden Spiel-Sets in die Läden.

Themenwelt
LEGO® Harry Potter™

Jahr
2012

Erster Auftritt
DK-Buch LEGO *Harry Potter: Lexikon der Minifiguren*

Selten

VELMA DINKLEY

AUF ZUR MYSTERY-MASCHINE!

1 Exklusives Haarelement in stilisierter Cartoonform

2 Erschrockenes Gesicht hinten

3 Zweiteiliges Kamera-Accessoire

4 Die Beine sind auch seitlich bedruckt.

EIN SCOOBY-STAR!

MINI DATEN

Themenwelt
LEGO® Scooby-Doo™

Jahr
2015

Erster Auftritt
Mystery Mansion (75 904)

Selten 

Als Teil der neuen Themenwelt Scooby-Doo tritt Velma 2015 an, gruselige Geheimnisse mit ihren Freunden Shaggy, Fred und Daphne zu lösen – natürlich mit Hilfe von Shaggys Hund Scooby! Velma gibt es ausschließlich in einem der fünf bislang erschienenen Scooby-Doo Sets.

MANN DER GEHEIMNISSE

Velmas Freund Fred hat eine echte Lupe und eine Spur zu einem Geheimnis! Er erscheint in The Mystery Machine (Set 75 902).

MINI DATEN

Themenwelt
LEGO® *Star Wars*™

Jahr
2010

Erster Auftritt
Exklusives Werbegeschenk

Selten

Nur zwei massive Bronze-Minifiguren von Boba Fett wurden je produziert – als Geschenk für das Promotion-Event LEGO *Star Wars* May the 4th 2010. Dieser Kopfgeldjäger ist damit seltener als ehrliche Händler am Mos Eisley Raumhafen!

BOBA FETT (BRONZE)

SELBST ICH KÖNNTE KEINEN VON DENEN FANGEN!

1 Der Bronze-Boba hat alle Elemente des Originals, aber keine Bedruckung.

2 Körper, Beine, Kopf und Helm sind vier separate Elemente.

3 Steht fest dank dem mehr als dreifachen Minifiguren-Gewicht!

EDELMETALL

2010 wurden auch je zwei Boba Fetts aus 14-karätigem Gold und aus Silber produziert und zusammen mit einem weißen Boba und einem gerahmten Zertifikat an zwei glückliche Fans auf der San Diego Comic-Con und der *Star Wars* Celebration V verschenkt.

Der LEGO *Collector's Guide Premium Edition* ist ein Buch, das auf 800 Seiten fast jedes LEGO Set aufführt. Von der gebundenen Ausgabe erschienen lediglich 3333 Exemplare, und sie enthielt zwei exklusive Steine, die mit „LEGO® fan" und „1958–2008" bedruckt waren – sowie diese überaus begehrte lächelnde Jubiläums-Minifigur!

Themenwelt
N/A

Jahr
2008

Erster Auftritt
LEGO® *Collector's Guide Premium Edition* (810004)

Selten

FIGUR ZUM 50. JUBILÄUM

1 Rote Schirmmütze

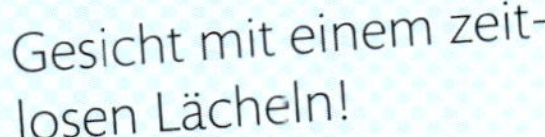

2 Gesicht mit einem zeitlosen Lächeln!

3 Glänzende Körperbedruckung zum goldenen Jubiläum des LEGO Steins

SAG HALLO ZU BOB!

Wie ein LEGO Maskottchen erscheint die simple Minifigur von Bob an mehreren Stellen von LEGO.com und in anderen Materialien der LEGO Gruppe. Manche Ausgaben des Large Minifigure Display Case (Set 752437) enthalten ihn als Minifigur.

PETER VENKMAN

1 NINJAGO™ Charakter Griffin Turner trägt auch dieses Haar.

2 Das exklusiv bedruckte Gesicht zeigt hinten eine entsetzte Miene.

3 Alle vier Ghostbusters haben einen exklusiven Körper, vorn mit ihren Initialen.

4 Der Protonenrucksack samt Halsklemme hat 13 Elemente.

GEISTER-JÄGER

Im LEGO Ideas Programm entwickelt, in dem aus Fan-Ideen echte LEGO Sets werden, enthält das Set Ghostbusters alle vier Geisterjäger in Minifigurenform. Auf einer Idee von Brent Waller basierend, erschien es 2014 zum 30. Jahrestag von *Ghostbusters*.

VIER GHOSTBUSTERS

Alle vier Ghostbusters enthält das gleichnamige Set: Peter Venkman, Egon Spengler, Ray Stantz und Winston Zeddemore – alle mit Protonenrucksack und entsetzter Miene.

MINI DATEN

Themenwelt
LEGO® Ideas

Jahr
2014

Erster Auftritt
Ghostbusters (21 108)

Selten

BILBO BAGGINS

BILBO IM SACK!

TUT MIR LEID! KEINE ABENTEUER, BITTE!

1. Gleiches Haar wie Hobbit-Kollege Samwise Gamgee
2. Doppelseitiges Gesicht, hinten mit besorgter Miene
3. Mit Hose und Hosenträgern bedruckter exklusiver Körper
4. Alle Hobbit-Minifiguren haben kurze Beine.

LEGO Fans, die 2012 auf der San Diego Comic-Con einer Karte von „ComicCondor" folgten, erhielten als Erste diese Minifigur samt Stoffsack zum Aufbewahren. Bilbo ist auch in einem richtigen Set erschienen, aber mit Sack und Karte besonders wertvoll.

Themenwelt
LEGO® *The Hobbit*™

Jahr
2012

Erster Auftritt
Werbegeschenk auf der San Diego Comic-Con 2012

Selten

EINE HANDVOLL HOBBITS

Es gibt vier andere Varianten von Bilbo Baggins – einen im karierten Pyjama exklusiv für Vorbestellungen von LEGO® *The Hobbit*™: *The Video Game* und einen mit dunkelblauer Jacke nur in Der Einsame Berg (Set 79018).

Daten
THE LEGO® *MOVIE*™

Jahr
2014

Erster Auftritt
Eisenbarts See-Kuh (70810)

Selten

Benny ist die erste Minifigur, die kaputt aussehen soll. Sein Helm scheint am Kinn zerbrochen, da er auf den ersten Forschern von LEGOLAND® Space aus den 1970er- und 1980er-Jahren basiert, deren Helme nicht so stark wie die heutiger Minifiguren waren. Auch sein Körperdesign ist gezielt gealtert und abgenutzt.

EIN KAPUTTER FORSCHER!

BENNY

FILMSTAR

Benny ist einer der Stars in THE LEGO® MOVIE™, in dem Vitruvius ihn „Space-Typ um 1980" nennt.

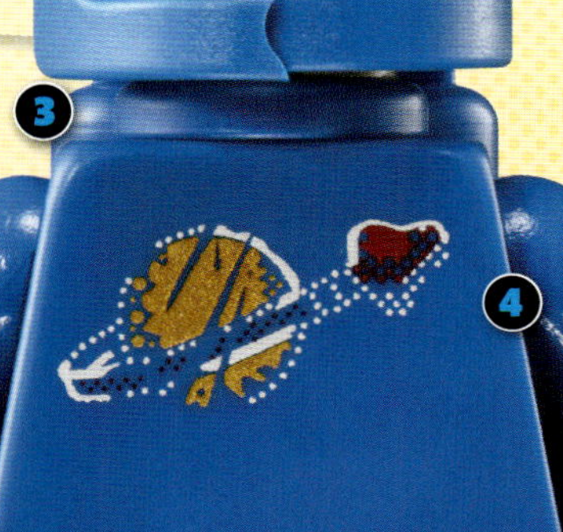

1. Helm ist gar nicht zerbrochen.
2. Doppelseitig bedrucktes Gesicht, hinten mit traditionellem Minifigurengesicht
3. Unverändertes Sauerstoffpack seit den 1970ern
4. Das klassische LEGO Space Logo wirkt abgenutzt.

KOSMISCHE FAMILIE

Der erste blaue LEGO Astronaut erschien 1984 als Pilot von Strato-Flitzer (Set 6824). Es gibt ihn in insgesamt zwölf Sets.

Während Gandalf der Graue in sieben Sets auftritt, gibt es Gandalf den Weißen nur in einem und ohne gemeinsame Teile mit seinem Vorgänger. Gesicht und Körper sind neu bedruckt und werden nur zum Teil vom majestätisch wallenden Haar- und Bart-element verdeckt!

Themenwelt
LEGO® *The Lord of the Rings*™

Jahr
2013

Erster Auftritt
Die Schlacht am Schwarzen Tor (79 007)

Selten

GANDALF DER WEISSE

ICH KEHRE ZURÜCK...

1 Langes Haar und Bart bilden ein Element.

2 Gesicht anders bedruckt als „Gandalf der Graue"

3 Gandalfs weißen Umhang trägt auch sein Feind, der böse Zauberer Saruman.

SARUMAN DER WEISSE

Die Minifigur von Saruman hat den gleichen Bart wie Gandalf, aber grau bedruckt. Seine zwei Varianten haben ein schräges Element als Gewand oder einfache Beine.

VUNSCH-
LISTE
ON AMAZON!

MEIN NAME IST PRINZESSIN DIANA!

WONDER WOMAN

1 Exklusives Haar, silbern bedruckt

2 Doppelseitigen Kopf trägt auch Satele Shan in LEGO® *Star Wars*™.

3 Exklusive Körperbedruckung auch hinten

4 Variante von 2012 mit roten Stiefeln und blauem Slip

MINI DATEN

Themenwelt
LEGO® DC Comics™ Super Heroes

Jahr
2015

Erster Auftritt
Gorilla Grodds Wutanfall (76026)

elten 

Die Variante von 2015 dieser Amazonenprinzessin als Superheldin hat ein neues Outfit genau wie in der DC Comics „New 52" Serie. Statt golden, wie ihre Minifigur von 2012, ist sie jetzt silbern bedruckt und hat eine blaue Hose statt bloßer Beine.

LASSOTRÄUME

Die Variante der Wonder Woman von 2012 trägt ihr Lasso der Wahrheit. Die einzige andere Figur, die ein Lasso trägt, ist das Cowgirl in der Minifigures Serie 8.

Fairerweise muss man sagen: Alle LEGO Minifiguren haben eckige Hosen, aber wenige eckige Köpfe! SpongeBobs Kopf ist ein „Sandwichbrett"-Element mit einer LEGO Noppe auf einem Minifiguren-Standardkörper.

MINI DATEN

Themenwelt
LEGO® SpongeBob SquarePants™

Jahre
2006, 2008

Erster Auftritt
Krosse Krabbe (3825)

Selten

ER IST EIN STAR!

SpoongeBobs Freund Patrick hat einen exklusiven kegelförmigen Kopf und erscheint in sieben Varianten, z. B. als Astronaut, Pirat, Superheld und guter alter Patrick!

MINI DATEN

Themenwelt
LEGO® *Star Wars*™

Jahr
2007

Erster Auftritt
Beliebig verteilt auf LEGO *Star Wars* Sets

Selten 

2007 wurden 10 000 C-3PO-Minifiguren in Goldchrom weltweit beliebigen LEGO *Star Wars* Sets beigefügt. Glänzend genug, um den pingeligsten Protokolldroiden zu befriedigen, sollten sie 30 Jahre *Star Wars* feiern. Sie waren in Spezialsäckchen enthalten.

C-3PO (GOLDCHROM)

IM DIENST EINES SAMMLERS MUSS MAN VORZEIGBAR SEIN!

1 Mit Goldchrom überzogene ABS-Plastikelemente

2 Kopf und Bedruckung wie bei der Original-Minifigur des C-3PO von 2000

3 Variante in 14 Karat Gold mit geprägtem statt bedrucktem Körper

MASSIV GOLD

Neben den Goldchrom-Varianten wurden den LEGO *Star Wars* Sets 2007 auch fünf C-3PO in 14 Karat Gold beigefügt.

UPGRADE

2012 bekam die C-3PO-Minifigur eine neue Körper- und Augenbedruckung. 2014 gab es erstmals bedruckte Beine und noch mehr Körperdetails.

Die DeLorean Zeitmaschine war eine Idee, für die Fans 2012 bei LEGO Ideas votierten und die von der LEGO Gruppe als offizielles Set produziert wurde. Es basiert auf den *Zurück in die Zukunft*-Filmen und enthält diese exklusive Minifigur des in der Zeit reisenden Filmhelden Marty McFly.

1980ER-FILM-IKONE

PATENT

Das Zieldatum der Zeitmaschine im Set ist der 28. Januar 1958 – das Patentierungsdatum des LEGO Steins.

TOLLER SCHOTTE!

Martys Freund Doc Brown ist auch im DeLorean-Set enthalten. Sein Haarelement trägt auch die LEGO® Marvel Super Heroes Minifigur Magneto.

MARTY MCFLY

TREFFE ICH MEINE LEGO ELTERN?

1 Gleiches Haarelement wie bei Mutt Williams in LEGO® *Indiana Jones*™

2 Doppelseitiges Kopfelement mit lächelndem Gesicht vorn und beunruhigter Miene hinten

3 Körper vorn und hinten exklusiv bedruckt

4 Gleiche blaue Hose wie bei Homer in LEGO® The Simpsons™ Sets

Themenwelt
LEGO® Ideas

Jahr
2013

Erster Auftritt
Zurück in die Zukunft (21 103)

Selten

SANTA CLAUS

1 Bis 2012 hatten alle Santa-Minifiguren diese rote Mütze, die meist LEGO Piraten schmücken!

2 Langer weißer Bart, zuerst von Zauberer Majisto aus LEGO® Castle getragen

3 Der schwarze Korb mit Halsklemme hat Platz für eine 1x2-Kachel.

4 Im LEGO® City Adventskalender 2010 zeigt Santa bloße gelbe Beine, da er sich duscht!

SO VIELE SANTAS!

Inklusive der LEGO® *Star Wars* Varianten gab es 20 verschiedene Santa-Minifiguren.

Diese Minifigur hätte man gern unterm Weihnachtsbaum! Als Erster einer langen Reihe von Santa-Minifiguren hatte dieser Geschenkebringer in begrenzter Auflage einen mit LEGO Steinen beladenen Schlitten und sah genau wie der echte aus!

MINI DATEN

Themenwelt
LEGO® Town

Jahr
1995

Erster Auftritt
Santa Claus und Schlitten (1807)

Selten

NOCH EIN WEIHNACHTSMANN

Serie 8 der sammelbaren Minifiguren enthält einen ganz neuen Weihnachtsmann mit spezieller Mütze, Sack und Bedruckung. Er tritt auch in Weihnachtliche Werkstatt (Set 10 245) auf, aber mit rotem Sack.

SHELDON COOPER

1 Adrett und genau gestyltes Haarelement

2 Berühmtes rotes T-Shirt mit Logo „The Flash"

3 Rot-blaue Arme als langärmliges Shirt

4 Beiges Beinelement als Sheldons Khakihose

Die sieben *Big Bang Theory*-Minifiguren entstanden im heißen, dichten Universum des LEGO Ideas Projekts. Das Set ist die geniale Erfindung der LEGO Ideas Fans GlenBricker und Alatariel und enthält alle Hauptfiguren aus der beliebten TV-Serie, jede amüsant in Minifigurform zum Leben erweckt.

MINI DATEN

Themenwelt
LEGO® Ideas

Jahr
2015

Erster Auftritt
Big Bang Theory (21 302)

Selten 

FREUNDSCHAFTS-ALGORITHMUS

Für ihre Einsendung erschufen Alatariel und GlenBricker dieses Design für alle sieben Figuren der TV-Serie Leonard, Sheldon, Penny, Howard, Raj, Amy und Bernadette.

Themenwelt
LEGO® *Star Wars*®

Jahr
2013

Erster Auftritt
Duell auf Geonosis (75017)

Selten

Diese Minifigur wirst du lieben! Der Original-Yoda war die erste Minifigur mit kurzen Beinen und leitete eine Ära von Kindern, Gnomen und Hobbits als Minifiguren ein. Die Variante von 2013 gibt dem Original eine neue Kopfform in neuer Farbe und verleiht ihm Charakter mit ausdrucksvollen Augen.

ECHT KURZE BEINE!

YODA

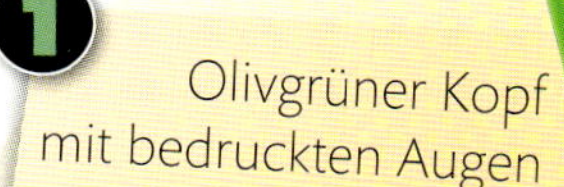

1 Olivgrüner Kopf mit bedruckten Augen

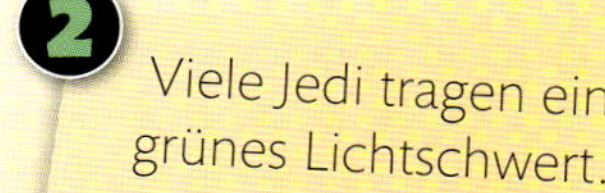

2 Viele Jedi tragen ein grünes Lichtschwert.

3 Neue Bedruckung ohne Gürtel oder Taschen

4 Kurze unbewegliche Beine

EINSTIGER MEISTER

Die Originalvariante des Jedi-Großmeisters kam 2002 aus dem Exil. Sein sandgrüner Kopf weist feine Details auf, aber keine Bedruckung. Er erschien in drei Sets, etwa in Jedi Duel (Set 7103).

ICH BIN KEINE MINIFIGUR!

Wunderst du dich, warum eine deiner liebsten LEGO® Figuren nicht in diesem Buch ist? Vielleicht ist sie ja keine Minifigur! Minifiguren bestehen meist aus drei Standardteilen: Kopf, Körper und Beinen. Und jede LEGO Figur, die nicht mindestens zwei dieser Teile enthält, darf sich nicht Minifigur nennen. Einige stellen wir hier vor ...

SKELETTE

LEGO® Skelette erschienen 1995. Die meisten haben Minifigurenköpfe, aber ein paar – wie Samukai aus LEGO® NINJAGO™ – haben spezielle Kopfformen und überhaupt keine Standard-Minifigurenteile.

DROIDEN

Im LEGO® *Star Wars*™ Universum sind Droiden die Allzweckroboter der Galaxis. Manche, wie C-3PO, haben Standard-Minifigurenkörper und Spezialköpfe, andere, wie R2-D2 und die Kampfdroiden, bestehen komplett aus Spezialteilen.

SPIELFIGUREN

2012 für die Themenwelt LEGO® Friends geschaffen, treten Spielfiguren auch in LEGO® Elves und LEGO® *Disney Princess*™ auf. Genau wie Minifiguren haben sie separate Köpfe, Körper und Beine, aber in realistischeren Proportionen.

GROSSE FIGUREN

Minifiguren sind alles Mögliche, aber nicht massig! Große Charaktere brauchen eine große Figur und Hagrid aus LEGO® Harry Potter™, Hulk aus LEGO® Marvel Super Heroes und der Riesentroll aus LEGO® Castle sind überdurchschnittlich groß.

TIERE

Ein LEGO Affe hat zwar Standard-Minifigurenarme und -hände, doch die meisten LEGO Tiere benötigen dafür ganz neue Elemente. LEGO Pferde, Kühe, Hunde und sogar Alligatoren haben alle ihre Spezialformen.

REGISTER

DIE CHARAKTERE

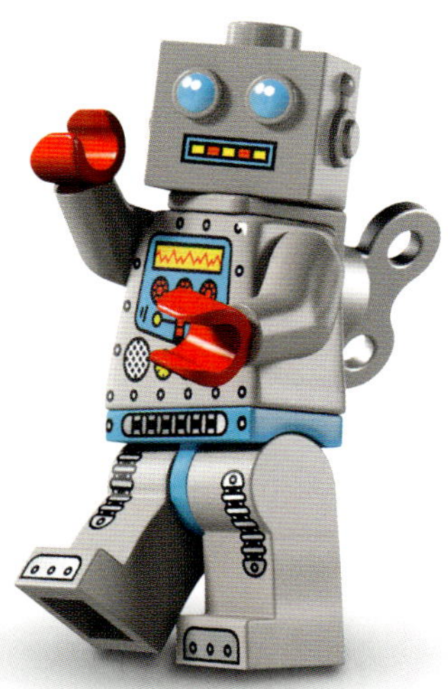

REGISTER

NACH THEMA

DK London
Redaktion Andy Jones
Gestaltung und Satz Rhys Thomas, Thelma-Jane Robb, Jade Wheaton, Amanda Ghobadi, Gary Hyde
Redaktionsassistenz Rosie Peet
Herstellung Jennifer Murray, Louise Minihane
Cheflektorat Simon Hugo
Bildredaktion Guy Harvey
Art Director Lisa Lanzarini
Redaktionsleitung Julie Ferris
Programmleitung Simon Beecroft
Text Jen Anstruther, Jonathan Green, Kate Lloyd, Simon Guerrier
Zusätzliche Fotos Markos Chouris, Gary Ombler

DK Verlag bedankt sich bei: Randi Sørensen, Paul Hansford, Lisbeth Finnemann Skrumsager, Heike Bornhausen, Tara Wike, Chris Bonven Johansen, Tim Ainley, Thomas Ross Parry, Martin Fink, Alexandre Boudon, Adam Corbally, Djordje Djordjevic, Lauge Drewes und Tore Harmark-Alexandersen von der LEGO Group; Toby Mann, Scarlett O'Hara, Helen Murray und Tori Kosara für redaktionelle Unterstützung; Lauren Adams, Ellie Bilbow und Nathan Martin für gestalterische Unterstützung.

Für die deutsche Ausgabe:
Programmleitung Monika Schlitzer
Projektbetreuung Christian Noß
Herstellungsleitung Dorothee Whittaker
Herstellungskoordination Katharina Dürmeier
Herstellung Sabine Hüttenkofer

Titel der englischen Originalausgabe: LEGO® I Love That Minifigure

1. Auflage, 2016

Übersetzung Dr. Michael Schmidt
Lektorat Hans Kaiser
Satz Roman Bold & Black, Köln

ISBN 978-3-8310-3029-3

Repro Tranistics Data Technologies Pvt. Ltd.
Druck und Bindung Leo Paper Products, China

Besuchen Sie uns im Internet
www.LEGO.com

www.dorlingkindersley.de